In den Herzen wohnt die Sehnsucht

Weihnachtsgeschichten von Frau zu Frau

IN DEN HERZEN WOHNT DIE SEHNSUCHT

Weihnachtsgeschichten
von Frau zu Frau

benno

Bibliografische Information der Deutschen Nationalbibliothek
Die Deutsche Nationalbibliothek verzeichnet diese Publikation in der Deutschen Nationalbibliografie; detaillierte bibliografische Daten sind im Internet über http://dnb.d-nb.de abrufbar.

Besuchen Sie uns im Internet:
www.st-benno.de

Gern informieren wir Sie unverbindlich und aktuell auch in unserem Newsletter zum Verlagsprogramm, zu Neuerscheinungen und Aktionen. Einfach anmelden unter www.st-benno.de.

ISBN 978-3-7462-4415-0

Umschlag: Ulrike Vetter, Leipzig
Gesamtherstellung: Arnold & Domnick, Leipzig (A)

INHALT

Sehnsucht nach Geborgenheit

Sehnsucht nach mehr Weihnachten

SEHNSUCHT NACH STILLE

–

ADVENT

Advent ist die
Zeit des „Sich-
bereitmachens“,
auf den, der
kommt, um uns
an Gottes
Freundschaft
teilhaben zu
lassen.
Liebe, die
konkret wird.

Sr. Jordana Schmidt

Inken Weiand

11. Dezember

Als Anna heute nach Hause kommt, ist Mama wieder einmal in Hektik. Sie hat einen schönen Nudelsalat gemacht, darüber freuen sich die Kinder.

„Greta hat einen Zettel mitgebracht, dass heute ihre Klassenadventsfeier stattfindet“, seufzt Mama. „Was machen wir denn jetzt?“

„Hat sie den Zettel erst heute bekommen?“, fragt Anna misstrauisch. Sie selber bekommt solche Einladungen eigentlich immer ein paar Wochen vorher.

„Sie hat ihn mir soeben gegeben. Allerdings ist der Zustand des Zettels so, dass es durchaus wahrscheinlich erscheint, dass sie ihn länger in ihrem Schulranzen spazieren getragen hat.“

„Na klasse. Das heißt, dass ich heute noch zu einer Adventsfeier muss ...“

„Du musst nicht, mein Schatz. Aber es wäre natürlich lieb ...“

„Jaja." Natürlich muss Anna eigentlich nicht. Mama kann sie schließlich nicht zwingen, die ganze Elternarbeit in dieser Familie zu übernehmen. Aber uneigentlich muss Anna eben doch. Sie weiß schon, was Lehrer dazu sagen, wenn Schüler nicht zur Klassenadventsfeier erscheinen. Das will sie Greta nicht antun.

Als Mama weg ist, klärt sie also ihre Geschwister auf: „Wir müssen nachher zu Gretas Adventsfeier. Deshalb müssen wir uns vorher beeilen mit den Hausaufgaben. Alles klar?"

Moritz und Greta nicken. Und dann machen sie sich an die Arbeit.

Auch Anna setzt sich an ihre Aufgaben. Erst nach einer Weile wird sie von Kai aus ihren Gedanken gerissen.

„Meine Schokolade!", ruft der Kleine unglücklich.

„Wieso? Was ist damit?"

„Ich hatte sie auf die Fensterbank gelegt. Bei der Heizung. Und nun ist sie weich."

Gerade will Anna sagen, er solle die Schokolade in den Kühlschrank tun, da sagt Greta ganz unglücklich: „Du, Anna ..."

„Was ist?"

„Da gibt es ein Problem", meint Greta unglücklich.

„Was denn?", fragt Anna misstrauisch.

„Jeder muss etwas Leckeres zu essen mitbringen."

„O nein! Wo bekommen wir das denn jetzt her?"

„Kuchen vielleicht oder Plätzchen."

„Haben wir alles nicht", bemerkt Anna düster.

„Ich habe eine Tafel Schokolade“, bemerkt Kai. „Aber die ist total flüssig. Da muss man etwas Hartes reintun, damit sie fest wird.“ Er steht immer noch neben der Heizung.
Anna starrt ihn an. „Moment mal! Haben wir noch gehackte Mandeln?“
Schnell läuft sie in die Küche. Und sie hat Glück. Sie findet noch gehackte Nüsse und Mandeln. Damit wollte Mama bestimmt etwas backen. Als sie noch Zeit hatte. Aber die werden jetzt benutzt. Schließlich ist dies ein Notfall!
Anna nimmt ein Stück Backpapier, tut die flüssige Schokolade darauf und vermischt sie vorsichtig mit den Nüssen und Mandeln. Dann breitet sie das Ganze noch etwas aus.
„Und das soll lecker sein?“, fragt Greta misstrauisch.
Tatsächlich sieht Annas Erfindung ziemlich matschig aus und nicht gerade lecker.
„Wir tun es jetzt in den Kühlschrank“, meint Anna. „Dann ist es nachher fest und lecker und selbst gemacht.“
Übrigens behält Anna recht. Ihre Kreation wird wirklich fest.
Anna zerbricht die entstandene Platte noch in kleine Stücke und füllt sie in eine Plastikdose.
„Gehen wir jetzt zu deiner Feier oder nicht?“
„Na klar!“
Die Kinder machen sich fertig und gehen zu viert zur Grundschule. Anna kennt sich hier gut aus, denn im letzten Jahr war sie hier selber noch Schülerin.
Frau Schultz, Gretas Lehrerin, hat heute Vormittag schon mit den Kindern zusammen den Klassenraum schön hergerichtet. Die Tische sind zu kleinen Gruppen zusam-

mengeschoben und mit Kerzen und Tannenzweigen dekoriert. „Und die Fensterbilder haben wir auch alle selber gemacht!“, sagt Greta stolz.
Kai sieht sich besonders neugierig um. Er geht ja noch in den Kindergarten. Und da interessiert ihn alles, was die Schule angeht.
„Ihr habt es aber schön hier in der Schule!“, stellt er fest.
„Na ja“, meint Greta. Und versucht ihm zu erklären, dass der Klassenraum für den Unterricht anders hergerichtet ist.
Nun, der Nachmittag läuft ab, wie Adventsnachmittage nun einmal ablaufen. Zuerst gibt es ein paar Vorführungen, zu denen sich Greta aber vorsichtshalber nicht gemeldet hat. Als Nächstes steht Kaffeetrinken auf dem Programm.
Annas Schokosplitter sind ganz schnell aufgegessen, die Kinder sind ganz begeistert davon.
„Das Rezept muss deine Mutter mir geben!“, sagt eine andere Mutter.
Anna nickt verlegen.
Nach dem Kaffeetrinken holt Frau Schultz ihre Gitarre heraus und es werden Weihnachtslieder gesungen.
Dann laufen die meisten Kinder herum und spielen.
Anna darf nicht spielen. Sie muss auf ihre Geschwister aufpassen. Und so drängt sie bald zum Aufbruch. „Wir könnten mal endlich den Weihnachtshasen anmalen“, schlägt sie vor.
Damit sind die Kleinen einverstanden. Und an diesem Nachmittag erhält der Hase eine rote Pudelmütze und einen grünen Pullover, auf dem der Weihnachtsstern auf-

gemalt ist. Doch, das sieht hübsch aus, findet Anna. Und sie stellt den fertigen Hasen neben den ungeschmückten Adventskranz auf den Wohnzimmertisch.
An diesem Abend liest Anna auf ihrem Handy: „Darum sollt ihr nicht sorgen und sagen: Was werden wir essen, was werden wir trinken, womit werden wir uns kleiden? Matthäus 6,31. LG von oben.“

Conny Ruß

… dann erst Weihnachten

Endlich! Lene kann es kaum erwarten. Heute soll es soweit sein. Heute wird die Deko-Kiste vom Dachboden geholt. Der hässlich zerdrückte Umzugskarton, in dem so viele Schätze liegen. Bei Lenes Familie gibt es mehrere solcher Kartons auf dem Dachboden. Einen für die Frühlings- und Osterzeit, einen für die Sommerdeko mit kleinen Zwergen, die Erdbeeren schleppen, einen mit Sonnenblumen, Drachen und Laternen für die Herbstzeit, einen Karton mit Adventsschmuck und einen für Weihnachten.
Im Weihnachtskarton stapeln sich die Tannenbaumkugeln, die Kerzenhalter, Engelchen und Sterne. Diesen Karton darf nur Mama öffnen. Das Wohnzimmer wird dann für alle anderen gesperrt. Da bei Lenes Familie keine Wand die Küche vom Wohnzimmer trennt, wird ein großes Sternentuch zwischen die Räume gehängt. Von der Küche aus kann Lene dann lauschen. Zuerst werden Möbel verrückt,

um Platz für den Tannenbaum zu schaffen. Dabei darf Papa noch helfen. Der Teppich wird zur Seite gezogen, der Fußboden mit Decken ausgelegt, um Wachsflecken auf dem Boden zu verhindern. Nach langen Diskussionen, ob der Baum auch grade in seinem Ständer steht, ist Papas Teil der Arbeit getan. Er darf dann mit Lene und Ben etwas unternehmen, während Mama aus der grünen Nordmanntanne ein glitzernd funkelndes, herrliches Weihnachtsbäumchen zaubert. Dafür braucht sie alles, was in der Kiste steckt, und eine Tafel Schokolade, eine Tasse Tee und ganz laute Weihnachtsmusik. Sobald sie mit Schmücken fertig ist, darf Papa ausnahmsweise noch einmal ins Wohnzimmer. Aber nur in Begleitung des Staubsaugers. Den Abend vor dem 24. Dezember verbringen Lene, ihr kleiner Bruder Ben und die Eltern dann in der Küche.
Doch bis dahin sind noch ein paar Tage Zeit. Heute wird erst mal geschmückt. Papa ist mit Ben einkaufen gefahren. Doch Lene ist dieses Jahr endlich groß genug – meinte Mama. Sie darf schmücken.
In den letzten Tagen ging es Mama gar nicht gut. Sie konnte nicht zur Arbeit fahren. Schnupfen und Fieber und so. Sie lag den ganzen Tag im Bett mit fürchterlichem Husten. Papa hatte morgens vor der Arbeit immer ganz schön Stress, Ben im Kindergarten abzugeben. Lene geht schon alleine zur Schule und anschließend in den Hort. Wenn Papa früher Feierabend machen konnte, holte er Ben und Lene ab. Sonst ging sie immer erst noch zu einer Freundin. Gut, dass es Mittagessen im Hort gibt. Papa kann nur Mikrowellenessen aufwärmen. Mama schlich ab und zu

mit glasigen Augen und fettigen Haaren im Bademantel durch das Haus. „Fühlt euch geknuddelt. Steckt euch bloß nicht an." Dann nahm sie die Kanne Tee – das einzige, was Papa kochen kann –, Tabletten, das Inhaliergerät und verschwand wieder im Schlafzimmer. Papa schlief diese Nächte auf dem Sofa. Wie ein alter Hund bellte Mamas Husten durch das Haus.

Endlich kam der erste Advent. Mama lag fast nur noch im Bett. Papa kaufte einen fertig geschmückten Adventskranz. Mama war zu krank, um zu schimpfen. Ben ist noch zu klein, aber Lene war schon etwas enttäuscht, als am ersten Dezember nur ein gekaufter Adventskalender über ihrem Bett hing. Mama war zu krank zum Basteln. Zum ersten Adventssonntag zieht immer Keksduft durch das Haus. Mama war zu krank zum Backen. So kann das nicht weitergehen, dachte Lene.

So ging es auch nicht weiter. An einem Nachmittag holte Mamas Schwester, Tante Gitte, den kleinen Ben und Lene ab. Wo ist Papa? Zu Hause angekommen ist das Haus dunkel. Seltsam.

„Mama? Ich habe einen Stern für dich gebastelt!", ruft Lene die Treppe hoch. Tante Gitte stolpert mit Ben auf dem Arm hinter ihr her in den Hausflur. „Eure Mama ist heute ins Krankenhaus gekommen", sagt sie ernst. „Lalülala, Lalülala!", ahmt Ben das Martinshorn eines Krankenwagens nach und ist ganz begeistert. Lene lässt sich vor Schreck auf die Treppe plumpsen. „Warum das denn?", fragt sie verstört.

„Mama krank!", sagt Ben wichtig.

Tante Gitte nimmt die beiden Kinder in den Arm. „Eure Mama hat eine Lungenentzündung. Die kann im Krankenhaus besser behandelt werden. Euer Papa bringt ihr noch ein paar Sachen dorthin. Er müsste bald wiederkommen. Ich werde ein paar Tage bei euch bleiben." Lene schluckt. „Wo ist meine Mama?" Ben fängt an zu weinen, als er versteht, dass Mama heute Nacht nicht zu Hause sein wird. Am nächsten Tag wollen alle Mama besuchen. Aber ihre Krankheit ist ansteckend, und so dürfen sie nur telefonieren. Lene kommen Tränen in die Augen, als sie Papa abends fragt, ob Weihnachten nun ausfällt. „Ach, Weihnachten, da habe ich jetzt gar keinen Kopf für. Ich komme gleich Gute-Nachtsagen", stöhnt Papa und verschwindet in sein Arbeitszimmer, wo das Telefon klingelt.

„Papa keinen Kopf?"

Ben ist erstaunt, schaut in den großen Flurspiegel und seufzt erleichtert: „Ben hat Kopf!"

Tante Gitte schaut aus der Küchentür. „Hey, Lene, ich habe gerade mit Mama telefoniert. Sie hat mir verraten, wo die Adventsdeko auf dem Dachboden zu finden ist. Hast du Lust, morgen mit mir ein bisschen das Haus zu schmücken? Mama meint, du bist groß genug und hast bestimmt tolle Ideen. Ich habe für so was kein Händchen."

„Tante Gitte kein Händchen?" Ben ist erstaunt, dass alle Erwachsenen irgendwelche Körperteile verlieren. Papa keinen Kopf, Tante Gitte kein Händchen. Er flitzt zum Spiegel und kontrolliert, ob bei ihm noch alles dran ist. Anschließend kommt er zu Lene. „Hat Lene Kopf?"

Lene muss über ihren Bruder lachen. „Na klar hab ich den. Und Hände auch."
„Aber Zahn weg", meint Ben, schiebt mit seinen Fingern Lenes Lippen auseinander und versucht, noch einen Blick auf ihre Zahnlücke zu erwischen. Die Geschwister toben kichernd durch den Flur.
„So ihr Beiden! Ab ins Bett."
Tante Gitte duldet keinen Widerspruch. Papa kommt noch zum Gute-Nacht-Kuss-geben. Sie beten zusammen und bitten Gott, Mama schnell wieder gesund zu machen.
„Glaubst du, dass Gott das macht?", fragt Lene ihren Vater.
„Doktor macht Mama gesund", meint Ben.
Papa lässt sich mit der Antwort etwas Zeit. „Weißt du, Lene, ich wünsche mir sehr, dass Mama schnell wieder zu Hause sein kann. Ich weiß, dass sie gut im Krankenhaus versorgt wird. Dass sie aber schnell wieder gesund wird, können die Ärzte nicht versprechen. Wir können Gott darum bitten, aber Gott ist kein Wunschautomat."
„Aber, Papa!" Lene setzt sich entschlossen im Bett auf. „Weihnachten ohne Mama geht nicht! Wer soll den Tannenbaum schmücken, die Geschenke einpacken und ..."
Papa unterbricht Lene. „Wenn Mama tatsächlich Heiligabend noch nicht zu Hause sein kann, wäre das sehr traurig. Aber Weihnachten ohne Mama geht. Auch wenn wir uns das nicht vorstellen können. Weihnachten ohne Jesus, das geht nicht. Er ist das Wichtigste an Weihnachten. Und außerdem, bis Heiligabend sind ja noch ein paar Tage. So, nun gute Nacht."

Lene rollt sich unter ihrer Bettdecke zusammen. „Lieber Gott, auch wenn Jesus das Wichtigste an Weihnachten ist ... ich will meine Mama an Weihnachten wiederhaben! Klaro? Bitte! Amen."

In der Nacht träumt Lene, dass sie das ganze Haus mit bunten Kugeln behängt, große Sterne leuchten an allen Fenstern. Mama soll Augen machen, wenn sie am 24. – hoffentlich, bitte, bitte – nach Hause darf.

Nach der Schule ist Lene ganz aufgeregt. Tante Gitte holt sie schon ganz früh aus dem Hort ab. Gemeinsam krabbeln sie auf den Dachboden. Lene entdeckt die richtige Kiste sofort. Die ganzen Schätze werden auf dem Küchentisch ausgebreitet.

Lene weiß genau, was zu tun ist. Während Tante Gitte verzweifelt versucht, eine bunte Lichterkette auseinanderzuknoten, tauscht Lene die Plastiksterne am Adventskranz gegen die kunstvoll gefalteten Papiersterne aus. Der Nussknacker kommt in den Flur. Der rote Stern ins Küchenfenster. Allen Rauschgoldengelchen, die letztes Jahr zum Adventskalender gehörten, werden die Flügel glattgestrichen. Sie kommen auf die Wohnzimmerfensterbank. Lene findet noch ein paar Schokoladenkringel. Als sie einen unauffällig in den Mund schiebt, merkt sie, dass diese nicht mehr schmecken. Tante Gitte hat inzwischen die Weihnachtspyramide ausgepackt. Da sie diese aber falsch zusammensteckt, rennen die Hirten rückwärts zur Krippe, als die Kerzen angezündet sind.

Die Krippe! Wo ist die Krippe?

Ganz unten im Karton liegen die sogfältig in Seidenpapier eingewickelten Figuren. Lene wickelt vorsichtig eine nach der anderen aus und stellt sie in den Stall. Maria und Josef, die Krippe, die Hirten mit ihren Schafen. Die drei Könige, Ochse und Esel. Dann hält sie die kleine Jesusfigur in der Hand. Ein lächelndes Gesicht mit ganz viel Windel. „Du bist also das Wichtigste an Weihnachten", denkt Lene. „Wegen dir das ganze Fest mit so vielen schönen Dingen drumherum." Sie legt das Jesuskind sanft in die Krippe. Schön sieht das aus.

Maria und Josef und das Kind in der Krippe.

„Du hattest es gut", meint Lene zum Jesuskind. „Bei dir waren an Weihnachten beide Eltern dabei. Meine Mama ist Weihnachten vielleicht nicht zu Hause."

Als Papa und Ben nach Hause kommen, sind sie begeistert, wie schön das Haus geschmückt ist. Tante Gitte fährt noch zu einem raschen Besuch ins Krankenhaus. Nach dem Abendessen stehen Ben, Papa und Lene noch einmal vor der Krippe. Nanu? Die Jesusfigur liegt nicht mehr an ihrem Platz. Papa hat sofort Ben in Verdacht. Doch als der seinen Mund öffnet, sabbern nur Schokoladenstücke mit weißen Zuckerperlen heraus. „'meckt nicht", sagt Ben und verzieht sein Gesicht. Lene grinst, dass er auch auf die alten Schokokringel vom letzten Jahr reingefallen ist. Papa wühlt im Dekokarton, um Jesus zu finden. Lene tippt ihm auf die Schulter und sagt mit fester Stimme: „Papa, du hast gesagt, es wird erst Weihnachten, wenn Jesus kommt."

Papa hebt erstaunt den Kopf. „Das habe ich gesagt?"

„Naja, so ungefähr“, verteidigt sich Lene und fährt fort: „Du hast gesagt, ohne Jesus geht Weihnachten nicht.“

„Ja“, sagt Papa „da hast du recht. Wäre Jesus nicht zu uns auf die Welt gekommen, hätten wir Weihnachten nichts zu feiern.“

„So! Und deshalb ist Jesus jetzt weg,“ meint Lene feierlich. Sie erklärt dem verwunderten Papa, dass sie das Jesuskind eingepackt hat, damit Tante Gitte es heute Abend zu Mama ins Krankenhaus bringt. Wenn Mama wieder nach Hause darf, soll sie das Jesuskind mitbringen, und dann kann Weihnachten werden. Eher will Lene kein Fest feiern. Sie ist sich sicher, dass Jesus pünktlich zu seinem Geburtstag wieder bei seinen Eltern in der Krippe liegen will und bei seinem Papa im Himmel dafür ein gutes Wort einlegen wird. Wenn es gar nicht klappt, werden sie eben die Krippenfiguren zusammenpacken und bei Mama im Krankenhaus feiern. Hauptsache, sie sind alle zusammen.

Mannix Flynn

'ne tolle Frau

Zu Hause half ich meiner Ma in der Vorweihnachtszeit immer, die Christbäume zur Camden Street hochzuschaffen, die sie an ihrem Stand verhökerte. Das Geziehe und Geschleife, Tannen die Straße rauf und runter zerren, ich hasste das. Alle paar Meter musste man 'ne Pause einlegen und sich mit den Zähnen Tannennadeln aus den Händen ziehn. Ich half auch mit, die Dinger an den Mann zu bringen, und pries sie den Leuten an wie warme Semmeln. Jedes Mal, wenn ich 'ne neue Fuhre im Kinderwagen zu Mas Bude raufschob, kam ich mir vor wie der letzte Idiot. Alle Kinder in unserem Wohnblock schauten mir nach, und mein Kopf leuchtete wie 'ne Ampel, so peinlich fand ich das. Manchmal purzelten mir die Tannen vom Kinderwagen runter und rollten auf die Straße. Dann brach gewöhnlich der Verkehr zusammen. Busfahrer kriegten Schreikrämpfe, und man wurde halb taub von all dem

Gehupe. Die ganze Straße war minutenlang blockiert und keiner konnte vor oder zurück. Die Passanten drängelten sich auf den Bürgersteigen und gafften wie blöde, dass ihnen nur ja nix entging. Und ich stand mittendrin im allgemeinen Chaos, bemühte mich, die verdammten Tannen auf meinen Kinderwagen zurückzuhieven, die Hände gespickt mit Nadeln, die Birne glühend rot. Ich konnte von Glück sagen, dass nie ein Stier in der Nähe war. Wenn ich sie dann endlich meiner Ma brachte, wartete sie schon auf mich, die Arme in die Hüften gestemmt und mit einem Ausdruck in den Augen, der besagte: „Alles in Deckung! Gleich knallt's, gleich explodiert sie." „Du!", pflegte sie mich anzuschnauzen, „du saudummes Schwein, du! Über 'ne Stunde steh ich mir hier die Beine in den Bauch. Ich könnte die Bäumchen längst verkauft haben. Jesus, Maria und Joseph, womit hab ich das verdient? Warum muss ausgerechnet ***ich*** 'ne ganze Blase Versager in die Welt setzen?" Jeder, der an uns vorbeiging, schaute Ma an, als wär' sie übergeschnappt oder besoffen, oder weiß der Teufel was. Oft kippte ich nur die Tannen vor ihr auf die Straße und machte mich aus dem Staub, bevor sie sagen konnte: „Gerard, sei so lieb, lauf doch bitte noch mal rüber und bring mir 'n halbes Dutzend her, du weißt schon, die mittelgroßen, das wär dann alles. Ja, so ist's brav, bist ein Schatz." Aber ich hörte meistens gar nicht hin und war die Grafton Street runtergepest, ehe sie den ersten Satz zu Ende gebracht hatte.

Der Morgen war frisch, der scharfe, kalte Wind zerzauste meine eben von Ma frisierten Haare und pfiff durch die

Christbäume, die an den Kellergeländern im Hof lehnten. Sie erstreckten sich den halben Wohnblock lang, nach vorn raus immer sieben bis acht und nahmen 'ne Menge Platz in Anspruch. Ein richtiges Tannenwäldchen, simsalabim, mitten in Dublin. Ma lud gerade Obst und Gemüse auf ihre Karre. Meine Aufgabe war's, alle kleinen Bäume rauszusuchen und zum Markt zu bringen. Diesmal machte 's mir nicht so viel aus, ringsum schlief noch alles. Keine Zuschauer, keine Peinlichkeit. Ma war guter Laune und summte vor sich hin. Ich drang in unseren Privatnadelwald ein. Als ich ungefähr 'n Dutzend mickriger Tannen rausgefischt hatte, bemerkte ich, dass meine Ma mit dem Hausmeister sprach. Ich unterbrach meine Arbeit, ging zu ihnen hin und stellte mich neben Ma. Der Hausmeister teilte ihr mit, dass der Innenhof vom St. Patricks Haus als Spielplatz für die Kinder aus der Gegend angelegt worden wär und er sie auf Anordnung der Stadtverwaltung auffordern müsse, die Christbäume umgehend zu entfernen. Der Mann redete ganz schön geschwollen daher, aber irgendwo hatte er recht. Im Hof standen so viele Tannen rum, dass man 'ne Axt brauchte, um sich 'nen Weg durchzuhauen. „So, jetzt halten Sie mal die Luft an, guter Mann, und sperren Sie die Ohren auf, ich sag's nämlich nur einmal: die Bäumchen da sind mein Lebensunterhalt. Mit dem Geld, das ich an ihnen verdiene, ernähre und kleide ich meine Kinder, klar? Ich krieg' von nirgendwoher 'ne Unterstützung, ich mach' alles alleine, kein Schwein hilft mir dabei. Verstehn Sie, das is 'ne ehrliche, anständige Arbeit, nich so'n windiger Job, wie Sie einen haben, den lieben langen Tag nix als rumstehn und rumschnüffeln und Drinks von Leuten schnorren, die selber nich wissen, wie sie am 1. die Miete bezahlen sollen. Also stehln Sie mir nich meine Zeit, machen Sie, dass Sie wegkommen. Haun Sie ab zu Ihren Verwaltungsfritzen und erzähln Sie denen ruhig, was ich Ihnen gesagt hab." „Äh –" Er wusste zuerst nicht, was er darauf antworten sollte. „Mrs. O'Neill, ich tu' doch nur, was mir gesagt wird. Das ist nun mal mein Job. Ich muss schließlich auch meine Brötchen verdienen, wissen Sie." „Ach, papperlapapp. Die Bäumchen bleiben, wo sie sind, bis ich Zeit und Muße finde, sie woanders hinzuschaffen, und damit basta. Das könn' Sie Ihren Bonzen ausrichten. 'n Spielplatz! Dass ich nich lache! Schaun Sie sich doch mal hier um! Das Kind möcht' ich sehn, das sich in diesem Drecksloch wohlfühlt. Etwa die Kinder von Ihrem Boss? Würden die vielleicht hier spielen wollen? Kommen Sie, dampfen Sie ab, ja? Sie gehn mir auf den Geist. Ich hab zu tun. Ich kann's mir nicht leisten, meine Zeit zu verplempern wie Sie." Ich sah, wie der Mann sich völlig verdattert umdrehte und wegging. Ich wollte was dazu sagen, aber es fiel mir nix ein. Er hatte so 'nen seltsam torkligen, gleitenden Gang. Auweia, jetzt hat die den echt zur Schnecke gemacht, dachte ich. Ich sah zu meiner Ma auf, die unbekümmert die letzte Kiste Tomaten auf ihren Karren wuchtete. Ich fühlte, wie mein Herz plötzlich warm wurde und sich ein glückliches Lächeln auf meinem Gesicht ausbreitete. Sie fing wieder an, ihr Lied zu summen. Ich stimmte mit ein, weil ich froh war, echt froh, dass ich so 'ne tolle Frau als Mutter hatte.

Doris Thomas

Bis zuletzt

Dicht an dicht fallen die Schneeflocken an diesem Dezemberabend. Schemenhafte Gestalten bewegen sich hinter erleuchteten Fenstern. Jeder nützt die letzten Tage und Stunden für seine persönlichen Festvorbereitungen: Geschenke verpacken, Weihnachtsgrüße schreiben oder den Baum schmücken. Ein einzelnes Fahrzeug brummt in der Ferne. Dann ist wieder Stille. Bei so einem Wetter bleibt jeder in seiner Stube, froh, nicht hinaus zu müssen.
Das gilt anscheinend nicht für eine kleine, vermummte Gestalt, die sich gegen den Schnee lehnend die Straße entlangkämpft. Sie dreht sich vorsichtig nach allen Seiten um und geht dann zielstrebig zum Eingang von Haus Nummer 12.
Ein später Besucher – zumindest keiner, den man mit offenen Armen begrüßen würde. Nicht die Haustür ist sein Ziel, ohne auch nur einen Moment zu überlegen, geht er

auf den links daneben liegenden Kellerabgang zu. Behutsam, fast katzenartig, um ja nicht auszurutschen, steigt er die vereisten Stufen hinab. Ein letzter Blick gleitet über das Haus, alle Fenster an der Vorderseite sind dunkel, nur an der Seitenfront zeichnet das Licht einen hellen Streifen in den Nachthimmel. Die Gestalt stellt ihre Tasche ab und öffnet vorsichtig die Tür. Was für ein Leichtsinn, unverschlossene Türen sind ja geradezu eine Einladung für ungebetene Gäste. Die Tür knarrt, laut wie Donnerknall klingt es in den Ohren des Eindringlings.
Er dreht sich erschrocken um: Hat einer der Bewohner etwas gehört? Nein, alles bleibt ruhig. Mit noch größerer Behutsamkeit drückt er die Tür ganz auf, nochmals so ein Lärm, und er ist entdeckt. Der Lichtstrahl seiner Taschenlampe streift durch den Kellervorraum. Eine Kiste, einige Gerätschaften, sonst nichts, keine Menschenseele. Er bewegt sich vorsichtig weiter. Zwei Türen stellen sich ihm in den Weg. Aus der links von ihm liegenden dringt nur das typische Rasseln eines Heizkessels an sein Ohr. Vor der weiteren Tür bleibt er stehen. Vergeblich rüttelt er an der Klinke, abgeschlossen. Leise geht er zurück zum Ausgang. Er greift nach seiner Tasche, die er dort stehen gelassen hat, und zieht einen Schlüsselbund heraus. So bewaffnet geht er zurück zur verschlossenen Tür. Einen Schlüssel nach dem anderen steckt er ins Schloss – endlich, der letzte passt. Langsam tritt er in den Raum, nur kein weiteres Geräusch! Kann er es wagen, das Licht anzumachen? Er greift zum Schalter und knipst das Deckenlicht an. Drei Schritte noch, das Ziel ist zum Greifen nah.

„Ja, was schleichst denn du hier herum?" Entsetzt dreht er sich um. Diese Stimme ist auch zum Fürchten.
„Wie oft habe ich dir schon gesagt, du wirst dein Weihnachtsgeschenk nicht finden? Jetzt aber schnell ins Haus, wir warten schon auf dich, und wenn du noch einmal den Kellerschlüssel mit außer Haus nimmst, dann fängst du ein paar."
Verschämt drückt sich Max an seinem Vater vorbei, greift die Sporttasche und stapft tapfer durch den Schnee ins Haus.

Anke Kopietz

Nicky

Er lief durch die Straßen, ärgerlich mit sich selber. Kickte 'ne Getränkedose vor sich her. Es schepperte und hallte. Ihn störte das nicht. Er hörte es gar nicht. Frau Steegen stand in ihrer Haustür und schaute ihm kopfschüttelnd „aber Nicky!“ rufend nach.

Verwundert ging sie wieder ins Haus. Was war mit Nicky los? Er war doch sonst immer der Erste, der grüßte? Hmmm!!

Er sah und hörte sie nicht. Er war mit sich und der Welt, so was von, unzufrieden. Und er war unglücklich!!

Nichts klappte. Er war erwischt worden. So ein Ärger aber auch!! Ausgerechnet! Tränen traten in seine Augen. Er schniefte, wischte sich die Feuchtigkeit weg und setzte einen trotzigen Blick auf.

Nie würde er zugeben, dass er weinte!!!

Aber das half ihm auch nichts. Er war ja gar nicht trotzig. Nein, er war im Moment nur traurig.

Er war maßlos traurig. Er kam zum Spielplatz und suchte sich seine Geheimecke, die dicht umschlossen war mit Kirschen- und Heckenrosendickicht.

Hier konnte er sich selber loslassen, sich hängen lassen und er heulte wie ein Schlosshund los. Hier hörte und sah ihn keiner. Hier konnte er der sein, der er wirklich war. Mist, dass seine Eltern ihn entdeckt hatten. Er schniefte, aber was sollte er machen? Nun waren sie weg. Seine drei kleinen Lieblinge. Sie hatten sie genommen und ins Tierheim gebracht. Er weinte leise weiter in sich hinein.

Es fing alles so gut an. Er hatte alles so gut im Griff. Ja, das hatte er gedacht, aber es kam alles ganz, ganz anders. Er hatte die kleinen Kätzchen am Waldrand entdeckt. Durch Zufall! Er war auf seiner Räubertour unterwegs. Heute mal allein. War ja auch nicht schlecht, so konnte er schon mal gute Verstecke suchen und wäre dann, wenn er mit den anderen wieder spielte, im Vorteil ...

Da hörte er sie! Sie fiepten. Es war nur ein ganz leiser Ton. Aber von mehreren. Er hörte es gleich, schob das Dickicht zur Seite und da sah er sie! Drei kleine Kätzchen. Sie konnten schon stehen und krabbelten umeinander, so als suchten sie Wärme und ihre Mutter.

Er beugte sich zu ihnen. „Hallo, meine Kleinen", flüsterte er ihnen zu, „was macht ihr denn hier, so ganz allein?" Er nahm eins hoch und sofort fing es an, bei ihm zu suchen. Kläglich war das Fiepen und sein Herz schlug höher.

Sie waren hier womöglich ausgesetzt worden? Denn es war weit und breit niemand zu sehen. Er erhob sich und schaute sich um. Nein, kein Mensch da. „Hallo!!!“, rief er, aber es kam kein Echo.

Wieder ging er in die Knie und nahm das nächste hoch. Sie drängten sich aneinander und schrien kläglich. Er nahm das Dritte hoch und hatte kaum mehr Platz in seinem Arm. Sie waren bezaubernd. Eines in Schwarz mit einem kleinen weißen Lätzchen, eines gefleckt in Schwarz-Weiß mit etwas Grau und das Letzte ganz schwarz.

Kurz entschlossen setzte er sie runter, öffnete seinen Anorak, steckte seinen Pullover in die Hose und nahm eines nach dem anderen hoch und in seinen Anorak mit rein.

Himmel! Das war ein Gefühl!!! Es kitzelte höllisch, denn sie krabbelten und schoben sich gegenseitig.

Der Anorak war groß genug, aber die drei zappelten und fiepten, bis sie sich ganz dicht an ihn kuschelten. Sie spürten sogleich, wie schön warm es bei ihm war, und fingen leise an zu schnurren!

So, nun stand er da. Was sollte er machen?

Nach Hause? Das ging nicht. Seine Mutter mochte keine Katzen. Sie wäre im Dreieck gesprungen, wenn er sie mitgebracht hätte!!

Unschlüssig stand er da und überlegte. Wie magisch zog ihn dann die Scheune vom Nachbarn Ketsch an. Er kannte sie in- und auswendig, hatte oft und viel darin gespielt. Er ging hinein mit seiner schnurrenden Last und suchte erst einmal einen großen Pappkarton. Nicht zu groß, aber

auch nicht zu klein. Ganz hinten fand er einen passenden. Er polsterte ihn mit Stroh und Heu aus.
Immer noch mit den kleinen Kätzchen unterm Pullover! Mannomann, das war nicht einfach. Endlich hatte er alles so weit und setzte die Kleinen rein.
Sie fingen sofort wieder an zu wimmern und zu suchen. Tja, was nun? Ob sie schon alleine trinken und essen konnten? Er hatte keine Ahnung und konnte ja auch niemanden fragen.
Leise schlich er sich nach Hause und ging ins Haus. Holte in einem Becher etwas Milch und einen kleinen Teller. Er musste verdammt leise sein, denn seine Mama hatte „Fledermausohren!"
Ich muss es probieren, dachte er, aber das war gar nicht so einfach. Die Kleinen kannten das offensichtlich noch nicht. Sie tapsten über den Teller. Nicky stupste sie mit der kleinen Schnauze in die Milch, aber es war vergebens. Es klappte nicht! Himmel! Was sollte er machen? Das war vielleicht schwierig!
Hm, er überlegte. Sauste ins Haus, holte sein Taschengeld und flitzte zum Laden von Frau Meier. Lesen konnte er schon ganz gut. Er war schließlich schon in der zweiten Klasse.
Er fand Katzenmilch und Babykatzennahrung. Hm, ich mische es, dachte er, vielleicht klappt es damit ...
Die vermischte Pampe, ja, die leckten sie begierig von seinen Fingern ab. Oft musste er seinen Finger in das kleine Mäulchen stecken, bis das Kätzchen es kapierte, aber so langsam mit ganz viel Geduld funktionierte es doch.

Es dauerte eine ganze Weile, bis die drei kleinen Bündel satt waren. Sie machten noch ein kleines Geschäft. Hm ... er nahm sein Taschentuch und wischte es sauber, so gut es ging.
Na klar gab er ihnen auch sogleich ihre Namen. Das schwarz-weiß Gefleckte hieß Mirabelle, das mit dem weißen Lätzchen und Grau hieß für ihn Klecksie und das ganz schwarze war Jackie.
Ach, sie waren alle drei zu niedlich!
Die Drei suchten sich fiepend, kuschelten sich gegeneinander zusammen, wärmten sich und schliefen satt und ruhig ein.
Es war schon bitterkalt. Ende November, also legte er noch einen Kartoffelsack über den Karton. So, nun würden sie wohl nicht mehr frieren und konnten auch nicht aus dem Karton raus, denn der war sehr hoch und ziemlich glatt von innen.
„Ähm!“ Eine Stimme erhob sich plötzlich neben ihm. Erschrocken fuhr Nicky auf. Es war Herr Ketsch! „Was machst du hier?! Nicky, was hast du da?“
Nicky wurde gaaanz klein. Aber das nützte ihm auch nichts.
„Ich, ich habe die gefunden. Ich wusste nicht, wo ich sie lassen sollte!“ Bittend sah er den Nachbarn an. Doch es half nichts. „Das geht hier nicht so! Die können hier nicht bleiben. Die musst du mit nach Hause nehmen!“
„Das darf ich nicht“, wisperte Nicky zurück, „meine Mutter mag keine Katzen!“

Herr Ketsch wurde in Nickys Augen zunehmend größer. „Du musst sie mit rüber nehmen." Er drehte sich um und ging rüber auf das Haus zu, wo Nick wohnte. Nicky sackte zusammen. Es war vorbei!!! Er nahm die Kleinen wieder an seine Brust und spürte, wie sie sich wohlfühlten. Es ist aus, dachte er, es ist vorbei!!

Mama kam, war mehr erstaunt als erbost, meinte aber, so ginge es nicht. Auf keinen Fall würden die Kätzchen bei ihnen bleiben. Sie würde sie ins Tierheim bringen. Nicky konnte sich kaum halten, so entsetzt war er. „Mein lieber Nick, du kannst hier ja vieles machen, aber das geht nicht! Du brauchst keine Sorge haben, dort werden sie bestens versorgt und behütet, sie müssen zum Tierarzt und, und, und. Glaube mir, das ist das Beste, was wir machen können!"

Ja, so war es dann!! Wenn Mama sagte: Es ist das Beste, dann gab es keinen Weg zurück. Mama erklärte ihm noch, wie klasse er sich verhalten habe. Und Papa meinte: „Ja, so richtig gut und verantwortungsvoll."

„Wie, verantwortungsvoll?!" Nicky fuhr beinahe aus der Haut, „aber ich darf sie doch gar nicht beh…!"

„Nein, das geht nicht. Ich kann keine Katzen ab, ich habe eine Katzenallergie!" Mama fiel ihm ins Wort und hob bedauernd ihre Schultern. „Tut mir leid, Nicky! Es ist gut, dass du die kleinen Kätzchen gerettet hast. Ich bin so stolz auf dich!"

Stolz!!! Pah!!! Mist!! Erwachsene, dachte Nicky.

Und blödes Weihnachten, denn das stand vor der Tür! Aber darauf hatte Nicky nun überhaupt keinen Bock mehr. Er würde kein Weihnachten feiern, nie mehr!! ER nicht!!!
Nur noch vier Wochen. Es war schon Advent und das ganze Haus wurde weihnachtlich geschmückt und Mama achtete darauf, dass alle in die übliche Weihnachtsstimmung verfielen!!! „Das muss sein, das gehört dazu!" Wie sie immer betonte.
NEIN! Da konnte doch keine Weihnachtsstimmung aufkommen. Nein!!! Bei ihm jedenfalls nicht!!!
Trotz Mamas Bemühungen ignorierte Nicky von dem Tag an alles was Weihnachten hieß. So schön auch alles aussah und auf die festliche Stimmung hindeutete. Er feierte dieses Jahr KEIN Weihnachten. Das stand für ihn fest. Da konnten sie sich alle auf den Kopf stellen. Für ihn fiel Weihnachten AUS!! Ihm wurde kalt in seinem Geheimversteck und er ging traurig nach Haus.
So vergingen die Tage bis Weihnachten und Nicky hielt sich an sein Vorhaben.
Weihnachten? Nicht für ihn!!! Mama und Papa versuchten, ihn auf den Heiligabend neugierig zu machen. Erzählten vom Weihnachtsmann! Was der alles in seinem großen Geschenksack haben könnte, was er alles bringen könnte ...
Aber, Nicky, nein, Nicky hatte dieses Jahr überhaupt keinen Sinn und Blick dafür. Er war und blieb einfach traurig. So sehr sich Mama und Papa auch bemühten. Nicky lächelte dann immer nur ganz leicht und gequält.

Mama und Papa zogen sich dann immer seufzend zurück. Da war eben nichts zu machen!
Ja, und dann kam der Tag! Der Heiligabend!
Alles war aufs Feinste und Beste zurechtgeschmückt. Wie jedes Jahr. Mama und Papa hatten dafür ein super Händchen. Als am frühen Abend die Lichter am Weihnachtsbaum prangten, bat Mama ihren Nicky, sich doch bitte auf den Teppichboden zu setzen.
Hm?? Auf den Boden? Warum das denn? Na gut! Wenn sie es so wollte. Nicky setzte sich, ergeben, eben hin.
Mama und Papa gingen raus und plötzlich öffnete sich die Tür einen gaaanz kleinen Spalt. Hereinspaziert kamen erst Jackie, dann Mirabelle und zuallerletzt Klecksie!!!
Nicky glaubte seinen Augen nicht trauen zu können!!! Sie tapsten mit hoch aufgerichtetem Schwanz auf ihn zu. Sie waren ein gutes Stück gewachsen und miauten um die Wette, als sie ihn wiedersahen.
Nicky rutschte auf sie zu, nahm die kleinen Bündel glücklich in seinen Arm und ... doch, es stahlen sich ganz kleine Freudentränen aus seinen Augen. Er schniefte überglücklich.
Himmel! Nun war Weihnachten aber plötzlich auch wieder in seinem Herzen.
Zu schön! Nicky und die drei kleinen Kätzchen waren wirklich der glücklichste Junge und die glücklichsten kleinen Kätzchen auf der ganzen weiten Welt!!

Astrid Bonner

Spinat und Spiegelei

Zu den Aufgaben, die in den väterlichen Bereich fielen, gehörte der Erwerb des Weihnachtsbaumes. Stets machte sich Papa rechtzeitig auf die Suche und brachte erstaunliche Sachen nach Hause. Es war wohl auch seiner Gutmütigkeit zuzuschreiben, dass er mit Ladenhütern zurückkam; entweder waren sie zu klein oder krumm oder hatten vorne oder hinten nicht ganz zugewachsene Löcher. Jedenfalls wenn unser Baum kam, war die erste Weihnachtsüberraschung fällig.

Man konnte es Vater nicht übelnehmen, wir wussten ja, er tat es nicht vorsätzlich. Als er allerdings einmal eine traurige Fichte mit heimbrachte, die noch dazu in der Mitte zersägt und wieder zusammengebunden worden war, schickte ihn Mutter an den Ort des Erwerbs zurück. Der, den er dann besorgte, war wenigstens ganz, wenn auch dafür einen Fuß kleiner.

Ich sehe meine Mutter noch, mit weißer Schürze, die Hände resolut in die Seite gestemmt, in der Küche, in der sämtliche Vorbereitungen für die Großkampftage des Festes zusammenliefen. Sie war auch die Begründerin der Sitte, nach der der Speisezettel in den Vorweihnachtstagen besonders bescheiden zu halten war. Das Ergebnis dieses Schmalspurspeiseplans, will sagen das eingesparte Geld, wurde einem guten Zweck zugeführt, über den die familiäre Tafelrunde sich zuvor verständigte. Waren Spinat und Spiegelei in diesen Tagen angesagt, folgte mit Sicherheit irgendwann die Frage:

Und für welchen guten Zeck wollen wir diesmal sparen ...?

Unserem Jüngsten war es dann überlassen, den zu einem größeren Schein aufgerundeten Betrag in den weihnachtlichen Klingelbeutel zu werfen.

Wieder war es eine Woche vor Weihnachten. Mit bangen Blicken sahen wir Vater in den VW-Käfer steigen, auf dem Weg zur Endstation der Straßenbahnlinie 1, wo die Christbäume zum Verkauf bereitlagen. Wir erinnerten uns an die Bäume der vergangenen Jahre, und auch Mama konnte sich eines Schmunzelns nicht erwehren und meinte:

„Mal sehen, was uns dies Jahr ins Haus schneit!"

Schon knapp eine halbe Stunde später stand Vater strahlend vor der Tür, der Baum war bereits vom praktischen Transportnetz befreit und er war, was wir alle noch nicht in unserem Wohnzimmer gesehen hatten: ein gerades, schmuckes, frisches Bäumchen. Nicht zu klein und nicht zu groß; unten breit genug gewachsen, oben mit einer schönen Spitze, die genau die Länge besaß, die unser

Rauschgoldengel brauchte, um auf ihr wirkungsvoll tanzen zu können. Wir waren, wie man so schön sagt, sprachlos. Dann bemerkte meine älteste Schwester, mich mit dem Ellbogen anstoßend:

„Wirst sehen, ***das*** wird ein Fest, dem fehlt nichts."

So ganz konnte ich es selbst nicht fassen, und immer, wenn sich die Gelegenheit ergab, warf ich einen Blick auf das Bäumchen, das im Garten geduldig seiner Bestimmung harrte.

An Heiligabend, so kurz vor zehn Uhr morgens – vom Dachboden hatten wir schon die Krippe und alle Schmuckutensilien ins Vorzimmer gebracht – war es endlich soweit. Papa ging in den Garten und holte mit raschen Schritten den Baum, der bereits in seiner Halterung saß, herein. Wir Kinder hielten schmuckbereit Kerzenhalter, die schönen alten Kugeln aus Nürnberg, Strohsterne und ähnliches in den Händen, und wir konnten es kaum erwarten, unsere Aufgabe aufs Beste zu erledigen.

Das Bäumchen wurde auf einen kleinen Tisch gehoben, um es besser zur Wirkung zu bringen, und da merkten wir es alle. Mit ihm war ein durchdringender Geruch ins Zimmer gekommen, mehr noch: ein schneidender Gestank. Es bestand kein Zweifel, wir wussten sofort: es roch nach Kater, nach Nachbars Lumpi (denn so hundemäßig hieß der Übeltäter).

Wir versuchten alles, aber Lumpis Verewigung war nicht aus der Welt zu schaffen, nicht durch Lüften, Waschen, auch das WC-Tannenspray wurde eingesetzt, was die Sache aber nur noch schlimmer machte.

Uns Kindern saß der Kloß im Hals, die Eltern machten betretene Gesichter. Es half nichts.
„Ein neuer Baum muss her", seufzte Mutter.
Papa schaute kritisch in sein Portemonnaie und zog noch einmal los.
Der neue Baum war gar nicht so schlecht wie befürchtet, ein wenig zerzaust vielleicht, wir älteren Kinder aber waren froh, dass nun die Vorbereitungen, die zur Bescherung führen würden (und das bedeutete: Geschenke! Geschenke!), endlich beginnen konnten. So ging der Aufputz des Baumes schnell von der Hand. Nur unser Jüngster wirkte eigentümlich bedrückt.
Schließlich fragte er zögernd:
„Gibt's jetzt heut' abend wieder nur Spinat ...?"
Das darauf losbrechende Gelächter war der Anfang eines wundervollen Weihnachtsfestes ...

Eva Zeller

Die Hebamme des Herrn

Offen gestanden: Anfangs hat es mich gewurmt, dass man mich so geflissentlich übersehen hat. Einfach keine Notiz von meiner Existenz genommen hat, geschweige von meiner Funktion. Mir ist jedenfalls keine Darstellung bekannt, auf der ich unmissverständlich in Erscheinung träte. Höchstens, dass da und dort auf einigen Bildern Frauen herumstehen. Einige machen sich sogar nützlich, schleppen Wasserkrüge und Bottiche herbei, kredenzen der Wöchnerin, die unter engelumschwebten Betthimmeln liegt, eine Suppe, machen Hoppehoppereiter mit dem Kind – was aber meines Amtes ist, bleibt unerfindlich. Die Zahl der Bilder, Fresken, Reliefs, der Stiche und Holzschnitte ist Legion. Ich komme darauf nicht vor.

Früher wollte ich mich ins Bild setzen. Wenigstens in einem der Krippenspiele wäre ich gern aufgetreten. Natürlich wäre das nicht statthaft gewesen. Man hätte mich der

Blasphemie geziehen. Außer den sattsam bekannten Figuren hatte da tunlichst niemand etwas zu suchen, niemand etwas verloren. Maria und Josef, Engel und Hirten, Ochs und Esel. Und das Kind natürlich. In der Krippe. Längst durchgelegen auf Heu und auf Stroh. Holder Knabe im lockigen Haar. Von Locken konnte übrigens keine Rede sein. Aber darauf werde ich später zu sprechen kommen.
Heutzutage verfährt man weniger pedantisch mit Krippenfiguren. Weniger idyllisch. Man ist so frei, zum Beispiel sein Fahrrad an die Stallwand zu lehnen. Ein anderer Dichter, ein großer übrigens, lässt das Kind „vom Seime der Kälber benetzt" sein und behauptet, kürzlich sei dort „auch eingekehrt ein Mädchen, geboren unter dem giftigen Pilz in Hiroshima, zur Sekunde des Blitzes". Das Entstellteste zwischen die Hirten gestellt, die daneben in ihrer Armut geradezu beneidenswert anmuten.
Ich will damit nur sagen: Es wäre heute durchaus an der Zeit, mich einzumischen, Klartext zu reden, zu sagen: Maria sei schließlich nicht die Mutter des Buddhas gewesen, die sich, der Legende nach, an einem Baum im Lumbuniwald festgehalten und ohne weitere Umstände und schmerzlos mit einem Sohn niedergekommen sei. Maria hat entbunden wie jede andere Frau, und ich habe getan, was zu tun war, ihr das Kreuz gestützt, und während der Austreibungszeit ihr Erleichterung verschafft, indem ich mich so hinstellte, dass sie ihre Füße gegen mich stemmen konnte. Wir haben es beide bewerkstelligt, beide geboren. Dass das Kind keine Locken hatte, sondern

kahl war, konnte ich schon beim Einschneiden des Kopfes sehen.
Ich bin überzeugt, wenn ich mich zu Wort meldete, heute fänden sich Maler und Dichter, die mich rehabilitierten. So könnte ich mir Bilder vorstellen, auf denen ich zu erkennen wäre: dick, versteht sich, plump, werkelnd mit roten Händen, die zuzupackend und doch sanft zu sein haben, kurz und gut die Hebamme, Wehmutter, weise Frau, Geburtshelferin, umsichtig, erfahren, verantwortlich dafür, dass die Mutter keinen Schaden nimmt und das Kind nicht zu lange in dem finsteren und engen Schlauch steckt und dann rechtzeitig seinen ersten Schrei ausstößt. Mit Wasserkrügen herumlaufen und schön tun mit dem Kind genügt nicht. Das kann jeder. Mit Herumstehen, Mund und Nase aufreißen und „Ach Gott, ach Gott" sagen ist nichts getan. Auch singen, so schön es ist, kann man nicht ewig. Vorher muss die Geburt vonstatten gegangen sein.
Also gut, man unterschlägt mich heute nicht mehr, ganz im Gegenteil, man ist außerordentlich zurückhaltend geworden, was das Kind betrifft. Es wurde sogar schon totgesagt. Die Geburt habe überhaupt nicht stattgefunden. Hier könnte ich zwar als Zeuge auftreten. Statt fand sie, und eine Totgeburt war es auch nicht. Das Kind schrie, kaum dass ich es abgenabelt hatte. Und auch danach hat man in meiner Situation noch alle Hände voll zu tun.
Inzwischen habe ich aber eingesehen, dass trotzdem, oder vielmehr gerade deshalb, auf keiner Darstellung Raum für mich wäre. Nicht einmal mein Name könnte wie unter Gruppenbildern im gesichtslosen Umriss von Kopf und

Schultern stehen. Keine Leinwand, kein Flügelaltar wäre groß genug, mich unterzubringen. Ich bin Legion, nicht zu malen, nicht zu benennen, nicht zu besingen. Ich helfe und helfe dem Kind zu kommen und nehme es in Empfang und verliere dabei keine Worte. Ich steh' nicht an der Krippen hier herum, vergafft in Gott. Ich versuche immer wieder, Ihm den Weg zu bahnen. Ich bin jedermann, jede Frau an jedwedem Tag, wo Ihm zur Welt verholfen wird in jedem Jahr des Herrn.

SEHNSUCHT NACH GEBORGENHEIT

Sehnsucht nach Frieden
auf Erden ist so alt
wie die Menschheit.
Der Prophet Jesaja
hatte die Vision,
dass eines Tages Schwerter
zu Pflugscharen
geschmiedet würden
und Lanzen
zu Winzermessern.

Christa Spilling-Nöker

Kathrin Schmidt

Heilige Abendlichtzeichen

In aller Herrgottsfrühe begann Gabriele Etterwein die hölzerne Erzgebirgspyramide zu suchen. Ihre Wohnungen hatten sich in den letzten Jahren mehrmals verkleinert, sie hatte Sachen abgegeben, verkauft oder weggeworfen, aber die Pyramide hatte sie eigentlich behalten wollen. Ein Geschenk ihrer Eltern, als Tochter und Sohn noch klein genug gewesen waren, mit leuchtenden Augen dem Moment entgegenzufiebern, da die vier Lichtlein entzündet wurden und das Flügelrad Fahrt aufnahm. Die Schachtel war einfach nicht aufzufinden, dabei hatte sie vorgestern sogar den kleinen Kellerverschlag aus- und wieder eingeräumt … Sie seufzte und warf einen Blick zum Mondkalender, den sie sich ausgedruckt und neben den Herd gepinnt hatte. Er sagte ihr, dass die Sonne heute, am 24. Dezember, um 8.16 Uhr aufgehen würde. Bis dahin blieb noch ein knappes Viertelstündchen, in dem Gabriele Etterwein nun doch

lieber Toastbrot in den Toaster schob und die Kaffeemaschine in Gang setzte. Vom kleinen Tisch in der Küche, die im Gegensatz zu denen der vorherigen Wohnungen ein Fenster hatte, konnte sie bis zum Fernsehturm sehen, wenn die Sicht klar war. Seit siebenundzwanzig Jahren lebte sie hier in Marzahn. Wenn sie nicht in die Ferne, sondern nach unten schaute, hatte sie vom elften Stock aus sogar die Dächer einer Einfamilienhaussiedlung vor Augen. Manchmal stellte sie sich vor, in einem dieser Häuschen am Küchentisch zu sitzen und sich von Wohnblöcken umstellt zu fühlen. Sie war dann immer froh, hier oben zu wohnen. Auch wenn am Nachbarbalkon ein dickbäuchiger Weihnachtsmann erhängt worden war ... Bloß gut, dass sie ihren Kindern das nicht mehr erklären musste.
Sie goss sich Kaffee ein und überlegte stattdessen, was sie tun konnte, um die kommenden Tage heil zu überstehen, denn gestern hatte das Bürschchen ihr ins Auto geschissen. Jedenfalls hatte sie keinen Grund, daran zu zweifeln. Schließlich war es unten an der Haustür teuflisch grinsend an ihr vorbei ins Haus gestrichen, als sie sich kurz vor zwanzig Uhr noch einmal hatte aufmachen wollen zum Supermarkt, um das Festtagshähnchen zu kaufen. Am Vormittag hatte sie vergessen, das Auto abzuschließen, so dass es den Nachmittag über zum Einsteigen eingeladen hatte, vorausgesetzt, man bemerkte seinen Zustand an den nicht eingezogenen Verriegelungsstiften. An die Stirn hatte sie sich geschlagen, als es ihr auffiel, die Tür geöffnet und sich im Bruchteil einer Sekunde darüber geärgert, auf dem kurzen Weg zwischen Haus und Auto schon wieder

in ein Hundstrümmerl getreten zu sein. (So hatten das die Österreicher bei ihrem letzten Urlaub in Salzburg genannt.) Noch im Hinsetzen war ihr klargeworden, dass sie einen Fehler machte, aber ihre nun schon fünfzig Lebensjahre und das zum Glück zwar nur moderate, aber eben doch vorhandene Übergewicht hatten ihr nicht erlaubt, die Bewegung noch anzuhalten und rückläufig zu machen. Es hatte schon gekwutscht, als sie mit jagendem Puls die Gewissheit zuließ, sich in einen Haufen Scheiße gesetzt zu haben. An das Hähnchen hatte sie dann nicht mehr gedacht, sondern in rasch aufsteigendem Ekel die Taschen des Mantels geleert und ihn zusammen mit dem zum Glück dichten Vordersitzbezug in die Mülltonne geworfen.
Das Bürschchen hieß Sven, war vielleicht vierzehn und einer der vier Söhne Frau Steffs, die in der Nachbarwohnung lebte. Neben den Söhnen hatte sie auch noch drei Töchter – es handelte sich um eine Sechsraumwohnung. In jeder Etage dieses Aufgangs gab es fünf Kleinstbehausungen und eine große. Gabriele Etterwein hatte sich oft gefragt, was die Architekten zu solcher Anordnung veranlasst hatte. Die Fluktuation verhinderte langandauernde Kontakte zu den meist sehr jungen Bewohnern der Kleinkojen, während man jenen der großen auf Gedeih und Verderb für die Dauer mehrerer einander überlappender Kindheiten ausgeliefert war. Es sei denn, man war alt genug, dem Tode ins Auge zu sehen.
Zwei Wochen nach ihrem Einzug hatte Gabriele Etterwein bei Steffs geklingelt und höflich gefragt, ob es nicht möglich sei, angesichts der vorgerückten Stunde, es war viertel

nach eins gewesen, die Musik etwas leiser zu drehen, die aus den verschiedenen Zimmern in einer unzumutbaren Klangmelange die Betonwände durchschlug. Sie hatte sich noch gewundert, warum sie offenbar die Einzige gewesen war, die sich daran störte. Nachdem ihr die Tür mit lautem Krachen vor der Nase zugeschlagen worden war, hatte sie beschlossen, sich darüber nicht mehr zu wundern, und sich anderntags Ohropax gekauft.

Sie bestrich eine Scheibe Toast mit gesalzener Butter und begann zu essen.

Die Kinder waren schmutzig, laut, frech, hinterhältig. Die Worte schrieben ihnen aber die Schuld an diesen Eigenschaften zu, so dass Gabriele Etterwein sie irgendwann durch das Wort unerzogen ersetzt hatte. Damit war die Mutter in der Pflicht gewesen. Da aber ein Vater sich niemals gezeigt hatte, der für den Zustand der Kinder ja ebenso in die Pflicht zu nehmen gewesen wäre, war das Wort unerzogen nach wiederum einer Weile dem Wort gebeutelt gewichen, das immerhin auch der Mutter galt und Gabriele Etterwein ihrerseits in die Pflicht nahm, bescheidene Hilfeversuche zu unternehmen. Die nun ganz offenbar gescheitert waren?

Scheitern war etwas, das Gabriele Etterwein eigentlich nicht so ohne Weiteres hinnehmen konnte. Sie hatte einst Landmaschinenbau studiert und war mit einem Berliner zusammengezogen. Gerhard hatte Berlin nicht verlassen wollen. In Berlin war aber kein Bedarf an einer Landmaschinenbauerin festzustellen gewesen. In jener Zeit, Mitte der Achtziger, hatte sie es keinesfalls als Scheitern angesehen, eine Arbeit als Datenerfasserin für eine Gesundheitsbehörde anzunehmen. So waren sie versorgt, als Sohn und Tochter geboren wurden. Später stülpten sich die Verhältnisse um, die alte Gesundheitsbehörde wurde liquidiert, ein Großteil des Personals in die neue übernommen. Gabriele Etterwein jedoch galt auf einmal als überqualifiziert, ohne dass man ihr eine angemessene Stelle hätte anbieten können. Sie machte mehrere Umschulungen. Die letzte lag fünf Jahre zurück und war ebenso erfolglos geblieben wie die vorherigen, was die Vermittlung einer festen Arbeitsstelle betraf. Unverdrossen hatte sie sich wieder als Ungelernte beworben und war endlich auf einer Halbtagsstelle der Deutschen Post gelandet, die sie von nun an im Jahresrhythmus beschäftigte, jeweils kurzzeitig entließ, um sie nicht fest anstellen zu müssen, und sie schließlich wieder aufnahm.

An Scheitern hatte sie nie gedacht. Auch dass Gerhard nach über zwanzig Jahren zu einer anderen Frau zog, verbuchte sie nicht als Scheitern. Sie telefonierte einmal im Monat mit ihm, freundschaftlich, wie sie stets betonte. Ihr Sohn hatte eben begonnen, als diplomierter Physiker in Heidelberg eine Dissertation über die chemische Zusammensetzung der Milchstraße zu schreiben, und ihre Tochter lebte seit drei Jahren in Norwegen. Sie war eine begnadete Violinistin. Da Gabriele Etterwein nie viel Geld verdient hatte und Gerhard offenbar schlau genug gewesen war, seine Steuern zu minimieren, hatten die Kinder BAföG bekommen und sich nie beklagt. Gerhard hatte es freundlicherweise übernommen, die jährliche Rechnung für die Versicherung ihres Autos zu begleichen, und einen monatlichen Benzinzuschuss zahlte er auch. Sie war froh, ihn nie geheiratet und ihnen damit die Strapazen einer Ehescheidung erspart zu haben. Dass sie ausgerechnet heute an Scheitern hätte denken sollen, passte ihr nicht. Sie räumte nach der zweiten Toastscheibe die Butter in den Kühlschrank und wusch ab.

Als sie am späten Vormittag vor dem schmalen Kleiderschrank stand, blieb ihr ein Stirnrunzeln nicht erspart. Nur ein alter Parka, von dem sie sich nie hatte trennen können, bot sich als Ersatz für den Mantel an. Zum Glück hatte sie ihn sich während der zweiten Schwangerschaft besorgt, sie bekam ihn gerade noch zu. Den noch immer haarsträubenden Geruch des Autos nahm sie auf der Fahrt zum Supermarkt bald nicht mehr wahr. Sie kaufte das Hähnchen, ein Glas Rotkohl, eine Packung Thüringer Kloßteig und was sie sonst noch über die Feiertage brauchte und öffnete neben der Kofferraumklappe auch alle Türen des Autos, als sie die Sachen einlud. Rauchte noch eine Zigarette, ehe sie wieder nach Hause fuhr. Ihr war unheilig zumute. Trotzdem fügte sie sich und telefonierte lange mit ihren Kindern. Der Sohn fragte, ob sie es auch wirklich aushielte, so alleine über die heiligen Tage, und die Tochter stellte ihr Kommen anlässlich einer Tournee der Trondheim Soloists durch Deutschland im nächsten Frühjahr in Aussicht. Gabriele Etterwein briet das Hähnchen an, trank unüblicherweise ein Glas Rotwein während des Kochens, setzte sich dann auf die Couch, um zu einem schönen alten Märchenfilm einen Strumpf zu Ende zu stricken, und schlief ein.

Als sie erwachte, dämmerte es schon wieder. Die Sonne würde 16.17 Uhr untergehen. Sie blieb auf der Schlafcouch liegen und starrte an die Decke, als sie das Schluchzen vernahm. Erst dadurch, dass sie es hören konnte, fiel ihr auf, wie ungewohnt leise es heute war: keine Musik, kein Gedröhn aus Steffs Wohnung. Offenbar waren sie nicht zu Hause. Auf dem winzigen Flur legte sie das Ohr an die Tür, dann schloss sie auf. Das Bürschchen saß auf der Fußmatte zur Nachbarwohnung. Blass sah es aus und irgendwie kleiner als gestern. Gabriele Etterwein, die es auf eine Diskussion vor den nahegelegenen Ohren der anderen nicht ankommen lassen wollte, zog den Jungen hoch und schob ihn durch zwei Türen ins Wohnzimmer. Das Bürschchen sah ungewohnt ängstlich aus, es fror offenbar. Als sie eine Decke aus dem Bettkasten der Couch nahm, sah sie die Schachtel mit der Pyramide dort liegen. So lange also hatte sie keinen Besuch mehr gehabt ... Das Bürschchen begann laut zu flennen, als sie ihm die Decke umlegte. Ein Kind, dachte Gabriele Etterwein plötzlich, das nach Alkohol riecht. Sie packte ihn auf die Couch, stellte ihm eine Tasse heißen Kakao daneben auf einen Stuhl. Auf dem Küchentisch baute sie die Pyramide zusammen. Als die Kerzen leuchteten, erlosch das Flennen. Sven war eingeschlafen.

Nein, an Scheitern mochte sie einfach nicht denken.

Paula Dehmel

Die Christblume

Einsam ist die Blume, von der ich euch heute erzählen will. Sie kennt nicht die frohen Tage des Frühlings noch die duftreichen Nächte des Sommers. Keine flüsternden Gefährtinnen wachsen neben ihr auf, kein Vogel singt sie in Träume. In Schnee und Eis muss sie schauen, der Nordwind streicht über sie hin, und das eintönige Krächzen der Rabenvögel ist ihre Musik.

Und doch ist sie weiß und zart wie nur eine ihrer Schwestern; anmutig wächst sie aus dem Kranze grüner Blätter empor, und ihr tiefer Kelch hütet die Geheimnisse der Blumen. Und sie fühlt keinen Winterschmerz! Still und stolz steht sie in ihrer Kraft. Sie weiß, dass sie begnadet ist: die einzige Blume, die im Winter blühen darf, die einzige Blume, die das heilige Christfest feiern darf mit den Bewohnern der Erde. Sage mir, Schwester der Lilie, was rief dich ins winterliche Leben? Was gab dir die Macht, der

Kälte und dem Sturm zu trotzen? Warum schläfst du nicht im Frieden der Erde?

Die Blätter rauschen mir Töne und Akkorde zu, sie raunen und rauschen – Silben höre ich, Worte – und nun will ich ihre Geschichte erzählen.

Es ist Totensonntag. Auf dem Wege zum Kirchhof geht eine stille dunkle Schar Menschen. Sie tragen Totenkränze, Tannenreiser und Immortellen, immergrüne Eichen und rote Vogelbeeren. Sie gehen schweigend, als dächten sie vergangener Tage oder träumten in banger Hoffnung von künftiger Helle. Der letzte im Zug ist ein kleiner Knabe, der auf der Schulter ein grünes Holzkreuz trägt, eine schwere Last für einen jungen Körper! Es ist ein armseliges Kreuz, roh gefügt, mit abgeschrägten Ecken. Des Knaben Blicke aber ruhen liebevoll darauf; seine jungen, ungeübten Hände haben wohl selbst das Holz geschnitzt.

Aus der Kapelle des Totenhauses läutet die kleine Glocke, und andächtig zieht die Schar der Trauernden durch das Portal. Ein leiser Wind geht mit ihnen; es sind die Todesengel, die dem Zuge unsichtbar folgen. Vom breiten Mittelwege aus verteilen sich lautlos die Gäste der Toten. Bald hat auch der blasse Knabe das Grab seiner Mutter gefunden.

Es ist ein frischer Hügel; ohne Schmuck und ohne Pflege liegt er im kühlen Frühnebel. Der Kleine kniet nieder, pflanzt sein Kreuzlein zu Häupten der Toten und betet leise. Der Engel, der ihm folgte, beugt sich nieder, um die Inschrift zu lesen. „Liebe Mutter“, steht in großen, kindlichen Buchstaben auf dem Querholz, sonst nichts. Da küsst der Engel das Kind aufs Haupt. Die andern Gräber schmückten sich nach und nach mit den Blumen und Kränzen der Leidtragenden; des Knaben Augen aber sahen angstvoll über das leere Grab, und ein Zucken des Schmerzes ging über das kleine Gesicht. „Lieber Gott", betete er leise, „lass meiner Mutter auch eine schöne Blume wachsen, ich muss fort ins Waisenhaus und kann ihr keine mehr bringen. Du aber kannst es, lieber Gott, du bist gut und allmächtig, und ich bitte dich so sehr."

Da küsste der Engel das Kind zum zweiten Male, und ein stiller Schein der Gewissheit kam in die braunen Augen des Knaben. Er rückte das Kreuzlein noch einmal zurecht, küsste das Grab seiner Mutter und folgte den andern Leuten, die den Heimweg antraten. Der Engel aber flog heim zu Gott und brachte ihm den Wunsch des Knaben. „Es ist Winter", sprach der Herr, „alle Pflanzen schlafen; soll ich dieses Kindes wegen meine ewigen Gesetze ändern?"

„Deine Allmacht, o Herr, ist größer als dein Gesetz, deine Güte reicher als dein Wille!" Da lächelte der Herr, dass die Wolken erstrahlten und ein Klingen durch die Sterne ging. „Komm", sagte er zum Engel, und sie traten schweigend in den Garten des Paradieses.

Dort blühen die Blumen, die achtlose Hände auf Erden fortgeworfen und achtlose Füße zertreten haben. Schöner blühen sie hier im himmlischen Licht als in der irdischen Sonne; und als der Schöpfer zu ihnen trat, reckten sich Ranken und Gräser ihm entgegen, und die Kelche strömten über von Duft und Glanz. Gott aber trat zu einer weißen Lilie, nahm die zitternde aus dem Schoße des Himmels,

küsste sie und gab sie dem Engel. „Dem Erdenkinde zur Freude und meinem Sohne zum Angedenken blühe diese Botin des Himmels künftig auf Erden in Eis und Schnee. Die Winde sollen ihren Samen durch die Länder des Nordens tragen; die Wärme meines Willens ströme durch ihre Wurzeln und bleibe ihr für die Dauer der irdischen Zeit!"
„Du aber lege das Zeichen des Todes ab und schütze den Knaben mit dem warmen Herzen.
Breite deine Flügel um ihn aus, dass der Same, der in seiner Seele keimt, auch in Frost und Dürre nicht ersterbe, und die Blume der Menschenliebe daraus erblühe; sie ist holder als alle Blumen des Paradieses." Dankbar neigte sich der Engel, küsste des Herrn Gewand und ging seinen Befehlen zu folgen.
So ist die Christblume auf die Erde gekommen, und fromme Menschen fühlen ihren heiligen Ursprung.

Tina Schulze Gerlach

Die Kette

Vorm Haus werden noch einmal Autotüren zugeschlagen, danach herrscht Stille in den alten Straßen. Das Christvesperläuten ist über die Häuserfronten gebraust und zwischen ihnen zu Boden gefallen, verstummt. Was bleibt, ist das Warten auf etwas, fast wie Luftanhalten, auch wenn sich's die wenigsten eingestehn.

In den Wohnungen glimmen schon die Lichtpunkte der Christbaumkerzen, doch im Mittelhaus dritter Stock knien die Kinder noch auf dem Fensterbrett. Gitti, Gert und Gundel, der Vater hat die Arme um alle drei gelegt, sie sehen auf die andere Straßenseite und denken sich die Geheimnisse in fremden Weihnachtszimmern aus.

Unten im Hof kracht der Deckel der Aschentonne, dann klacken Schritte die Treppe herauf, Gepolter und Pfeifen und das Schlagen der Tür ein Stockwerk tiefer, das ist der siebzehnjährige Emil, den sie Mile nennen, ohne Lärm geht's bei ihm nicht.

Hier oben im dritten Stock ertönt jetzt im Christbaumzimmer der Gong, die Mutter öffnet die Tür und der Vater hebt die Kinder vom Fensterbrett.

Er wirft noch einen Blick auf die Kugel des Fernsehturms, die über den Dächern schwebt wie ein großes durchbrochenes Schmuckstück. Und dann denkt er, welches Glück er hatte, als er für seine Frau eine Kette mit einem zierlichen Goldanhänger erwarb, ein altes Stück mit einem schön gefassten Rubin und drei kleinen echten Perlen, die, beweglich angebracht, aus dem Gold quellen wie lebendige Tropfen.

Gleich wird sie den Schmuck in den Händen halten, er selber wird ihn ihr um den Hals legen, sie wird ganz still halten und sich dann unter der allzu zarten Berührung und dem Kitzeln ihres Nackenhaars leise schütteln müssen. Und dann wird sie zum Spiegel laufen.

Aber da klingelt es erst mal an der Tür und zugleich beginnen sich Gert und Gundel um die neue Lokomotive zu zanken, und Gitti hat sich statt des eigenen Kinderbuchs Vaters Bildband gegriffen und damit auf den Teppich gesetzt.

Die Mutter muss also zuvor nach rechts und links schlichten und ordnen, indes die Kerzen still knistern und duften, und der Vater bringt jetzt diesen Mile aus der unteren Etage ins Zimmer. Dem Unglücksraben hat der Luftzug die Tür zugeschlagen, der Schlüssel ist aber innen, jetzt steht er mit seinem Kohlenkasten auf der Treppe und kann nicht in die Wohnung, die er doch heizen muss.

Mile grüßt linkisch, er wird auf einen Stuhl genötigt und der Vater sucht hastig alle möglichen Schlüssel zum Probieren. Dann läuft er mit dem Jungen hinunter und wieder herauf, denn keiner der Schlüssel passt, und das ist nun ein rechtes Pech in der Heiligen Nacht.

So wird der Vater also in den Keller steigen und in seiner kleinen Werkstatt einen Draht zu einem Dietrich biegen. Mile sitzt inzwischen ganz zufrieden in der fremden Weihnachtsstube.

Sie haben hier nichts gegen ihn, er war immer der Einzige dort unten, der freundlich grüßte, das erste Kind dieser Familie, entstanden und geboren, als die Ehe im Unterstock noch nicht vom Alkohol überschattet war. Jetzt hat er als Ältester schon so viel Verstand, seinen eigenen Weg zu gehen. Zu Hause aber versucht er, das Seine zu tun. Er ist gewöhnt, sich um den Haushalt zu kümmern, damit das überhaupt jemand macht.

Jetzt sitzt er mit Gert und Gundel auf dem Teppich und zeigt ihnen, wie die große und die kleine Eisenbahn nebeneinander herfahren können, ohne zusammenzustoßen. Er rutscht auf den Knien dem Wagenzug nach und seine langen Strähnen fallen über die Schöpfe der Kleinen und mischen sich mit ihrem Seidenhaar.

„Ihre Eltern sind wohl nicht zu Hause?"

Mile sieht sich nach dieser überflüssigen Frage um. Jeder im Haus weiß doch, was in seiner Familie los ist. Die Frau trinkt mit, wenn ihr Mann in die Gaststätte geht. Er hat dort seinen Stammplatz, ob Weihnachten ist oder nicht. Was soll sie tun, so verliert sie ihn wenigstens nicht aus dem Blickfeld, so kann sie verhindern, dass er auf dem Heimweg groben Unfug macht oder im Rinnstein liegen bleibt. Nüchtern dabeisitzen, das hält man nicht aus, das wird jeder begreifen, also trinkt sie mit ihm und hat dann umso mehr Mühe, sich selbst und ihn nach Hause zu bringen. Eheliche Treue oder Verworfenheit, die Nachbarn nennen es so oder so, ein jeder, wie er es ansieht.

„Ich wollte schnell noch heizen, eh' sie kommen", sagt Mile. Er hat auch den Christbaum noch nicht angeputzt, den letzten Kiefernkrüppel, den er erwischte, aber besser als nichts, für die Kinder, sagt er

„Wo sind denn Ihre Geschwister?"

Die sind zur Großmutter gefahren, sie wohnt im anderen Stadtteil und gibt ihnen stets am Heiligabend Mittagessen und ein paar Geschenke. Damit werden sie bald zurückkommen. Gisa ist ja schon vierzehn, die zieht mit den Kleinen los, neun, fünf und vier Jahre alt, und das Jüngste im Wagen, sechs Monate, jenes, das sie manchmal die halbe Nacht schreien hören. Weil es nass liegt, weil es Durst hat und weil Gisa, die aufpassen soll, so erschöpft und tief schläft, dass kein Geräusch mehr in ihre Ohren dringt. Alle im Haus wissen auch, was sich abspielt, wenn die Eltern aus dem Lokal kommen, lärmend und torkelnd finden sie mit Mühe die richtige Tür. Dann ist eine Weile Gepolter und das Trapsen der Schritte, und dann beginnt die elektrische Kaffeemühle zu heulen, das schreckliche Geräusch. Denn wenn es verstummt, so weiß; man, jetzt trinken sie einen Mokka, um sich zu ernüchtern, und dann begreifen sie ihr Elend wieder, ihre Unfähigkeit, sich zu ändern, dann beschuldigen und beschimpfen sie sich und zerschlagen Geschirr und prügeln einander. Und wenn die Anwohner um Ruhe klopfen, werden sie mit Hohn und Spott hereingerufen und von jedem der beiden zur Parteinahme aufgefordert.

Aber wenn jemand die Polizei verständigt, erscheinen sie einträchtig an der Tür: Kleine Meinungsverschiedenheit in einer Ehe gehen wohl keinen etwas an.

So ist das also im Untergeschoss, und die Kinder wachsen darin auf und kennen es nicht anders, und keiner wird je wissen, was in ihnen vorgeht. Jetzt aber sitzt der junge Sohn Mile hier auf dem Teppich und spielt mit fremden Kindern. Der fremde Familienvater klopft einen Draht zu einem Dietrich zurecht, und die Mutter kommt eben aus der Küche, wo sie nach dem Braten sah, und ist gerührt beim Anblick des fremden Jungen, der mit ihren Kleinen spielt.

Gut, dass seine Geschwister ihn haben, denkt sie noch, gerade als ihr Blick wieder auf das blausamtene Schmuckkästchen fällt. Es steht aufgeklappt auf dem Tisch, aber die Kette ist nicht darin. Ihr Griff nach dem Hals ist sinnlos, zum Umlegen des Schmuckes waren sie noch gar nicht gekommen.

Die Mutter hebt das Kästchen hoch, der Schmuck muss ja dort liegen, aber er ist nicht unter dem Kästchen und auch nicht daneben. Sie ist noch ganz ruhig, aber sie klopft doch schon unsinnigerweise die Tischdecke ab. Wie sollte er darunter gekommen sein? Und bückt sich dann und späht unter den Tisch und unter die Stühle, schon aufgeregter, sucht zwischen den Geschenken und beginnt, jedes Blatt umzuwenden und das Spielzeug abzutasten und den beiden Kleinen die Hände zu öffnen. Aber es klebt nur der Aufziehschlüssel der Eisenbahn zwischen Gerts zuckrigen Fingern.

In dem neuen Zug liegt das Kettchen nicht, in keinem Waggon, und Gundels neue Puppe trägt es auch nicht um den Hals.

„Habt ihr mein Kettchen gesehen?“, fragt die Mutter schon mit gepresster Stimme. Aber alle Kinder sagen abwesend: „Nein" und spielen ungestört weiter. Sie geht das alles nichts an. Nur Mile erhebt sich ganz langsam und steif, sie blickt auf seine Hände und erschrickt zugleich, er streicht sich die Knie ab, kein Gold klebt an seinen Fingern, natürlich, er hätte es längst in die Tasche gesteckt, so etwas behält man nicht in der Hand.

Der Gedanke klopft ihr im Hals und in den Ohren, etwas Fremdes ist auf einmal im Raum.

Und als jetzt die Flurtür klappt und ihr Mann aus dem Keller kommt, stürzt sie hinaus: „Hast du meine Kette mit in den Keller genommen?"

„Aber wo werd ich!"

„Meine Kette ist weg."

Der Vater meint, so etwas gibt's doch gar nicht. Er hat noch den munteren Ton in der Kehle, der auf der Treppe vorbereitet und schon zum Mund unterwegs war: „So, da woll'n wir uns mal als Einbrecherkollegen betätigen, kommen Sie ..."

Aber mitten im Reden ist der Verdacht der Frau schon auf ihn übergesprungen und macht auch seinen Hals trocken. Die letzten Worte bleiben ihm fast stecken. Er schluckt und fragt noch zerstreut: „Haben Sie alles?"

Aber Mile hatte doch gar nichts in den Händen gehabt, als er heraufkam. Und die Mutter steht dabei mit großen Augen, noch ist Zeit, noch eine Sekunde, noch kann man ihn fragen, wenn er sie in der Tasche hat, genügt ein Griff. Das Fremde im Raum wird dick wie Nebel. Dreimal wurden ihnen unten im Treppenflur schon die Kinderwagenräder gestohlen, einmal die Babydecke, zuletzt das Messingschild von der Tür. Nie erwischte man einen Täter.

Und überhaupt, wenn man den Kerl so stehen sah, blass und düster, was soll aus solcher Familie schon kommen?

Nun sind die beiden an der Stufenkante, die Frau setzt noch alle Hoffnung auf ihren Mann, er wird ihn draußen zur Rede stellen, wo die Kinder nicht dabei sind.

Ihr Gruß kommt ungewohnt kühl heraus und Mile verabschiedet sich scheu und steif, er wirft noch einen schnellen Blick aus den Augenwinkeln zurück.

Alles andere geht dann viel zu glatt. Der Dietrich ist gut gelungen, die Tür springt sofort auf. Mile scheint das alles für selbstverständlich zu halten; er hat es sehr eilig, in seiner Wohnung zu verschwinden.

Zu spät. Die Gelegenheit verpasst. Nun sehen sie den Schmuck nie wieder.

Trotzdem suchen die beiden noch einmal. Sie hören kaum zu, wenn die Kinder etwas fragen, singen diesmal nicht Weihnachtslieder zum Klavier wie sonst, vertrösten auf morgen. Und beim Abendbrot schmecken die guten Dinge nicht.

Es gibt Lärm und Zank, weil die Kinder nicht folgen, sie spüren, dass etwas kaputt ist: Die vertraute Weihnachtsharmonie, die wie ein Zauber an diesem Abend in die Häuser einzieht, weil selbst die Mürrischsten versuchen, ein paar Stunden lang gut zu sein, heute ist sie gestört, eine Glocke mit einem Sprung, die nicht tönt.

Als die Kinder im Bett sind, sehen die Eltern noch einmal erfolglos in alle Ecken. Dann beginnen sie seufzend, die herumliegenden Geschenkpapiere zu glätten und zusammenzufalten, die Goldschnüre und bunten Bänder aufzuwickeln. Es gibt ein kleines Geräusch und Mann und Frau bücken sich zugleich nach dem Kettchen.

Es hatte sich an einem Seidenband verhakt, jetzt liegt es zu ihren Füßen und funkelt harmlos, es ist gar kein Grund, dass die Frau es aufhebt und schnell auf den Tisch legt, als ob es heiß sei.

Und dass sie wortlos ans Fenster tritt und hinausschaut ins Dunkel und die vielen Weihnachtsfenster, hinter denen sie alle versuchen, an diesem Abend gut miteinander zu sein. Aber Weihnachten feiern ist schwer. So leicht können Pannen passieren.

Und als der Mann jetzt über dem Kopf der Frau die Kugel des Fernsehturms mit ihren immer wieder herumschwenkenden Scheinwerferarmen sieht, denkt er: Kein Christbaumschmuck, diese Kugel, sie ist im Dienst. Und diese Sprache verstehen wir noch, diese ja. Aber das Feiern haben wir fast verlernt.

Im selben Augenblick geht im Untergeschoss die elektrische Kaffeemühle an. Die Frau am Fenster fährt ein wenig zusammen. Da holt ihr Mann sie an den Tisch zurück und legt ihr nun die Kette um den Hals. Und sie spürt die Berührung und das leise Kitzeln ihres Nackenhaars und sie muss sich ein wenig schütteln. Und noch lange, nachdem unten die Kaffeemühle verstummt ist, halten sie die Ohren gespitzt, ob nicht bei jenen Leuten das Gezänk anfinge. Aber es ist nicht nötig, in dieser Nacht bleibt dort unten alles still.

„Die haben diesmal eher Weihnachten als wir", sagt der Mann, und seine Frau antwortet: „Ja", und nach einem Atemzug, „das geschieht uns recht."

Sie greift nach der Schallplatte, die auf dem Gabentisch liegt, die Christmas-Sinfonie, und reicht sie ihrem Mann hinüber. Und als er sie auflegt und sie sich leise zu drehen beginnt, lehnt die Frau sich im Sessel zurück.

Weihnachten ist nicht leicht. Aber sie haben noch Zeit. Die Heilige Nacht ist lang genug für alle.

Catarina Carsten

Mummy – oder wie man schnell gesund wird

In einem Kinderkrankenhaus in Amerika. In New York. Einem Krankenhaus mit fünf Abteilungen, Operationssälen, Ärzten, Schwestern, Aufenthaltsräumen, einem Kiosk, wo man Cola, Kekse, Obst und Süßigkeiten kaufen kann. Das Krankenhaus steht an einer belebten Straße, aber es hat einen Innenhof und einen kleinen Park. Hier ist es fast still. Die Kinder, die schon aufstehen können, gehen hier spazieren. Wer operiert worden ist, übt im Hof wieder das Gehen.

An diesem Tag im Dezember ist der Park leer. Es schneit und stürmt. Die Wolken jagen tief über den Himmel. Unter den Ärzten des Krankenhauses ist ein großes Rätselraten. Ein junger Assistenzarzt, der seit zwei Jahren hier arbeitet, hat eine Studie geschrieben.

Es war ihm aufgefallen, dass die Kinder der Abteilung drei viel kürzer im Krankenhaus blieben als andere. Das heißt:

Sie wurden erstaunlich schnell wieder gesund, obwohl ihre Krankheiten bei der Einlieferung genau so schwer waren wie die anderer Kinder.
Zuerst hatte der Assistenzarzt vermutet, er hätte sich geirrt, als er den Aufenthalt der kleinen Patienten berechnet hatte. Er war der Sache nachgegangen, hatte noch einmal alles sorgfältig überprüft – es stimmte: Die Kinder der Abteilung drei verließen das Krankenhaus durchschnittlich vier Tage früher, mitunter sogar fünf bis sechs Tage früher. Was war los? Einen Grund musste es ja haben. Der Chefarzt, Dr. Schwartz, machte den Vorschlag, die Schwestern auszutauschen. Alles blieb beim Alten. Die Kinder der Abteilung drei wurden schneller gesund. Ärzte und Schwestern bemühten sich mit besonderem Eifer um die Kinder der anderen Abteilungen. Es änderte sich nichts.
Dr. Schwartz lässt das jetzt keine Ruhe mehr. Er muss der Sache auf den Grund gehen. Er nimmt sich vor, so lange als Detektiv in seinem eigenen Krankenhaus zu arbeiten, bis er herausgefunden hat, woran es liegt, dass hier offenbar ein Wunder geschieht.
Er überlegt, ob er nach einem festen Plan vorgehen soll, beschließt aber, es nicht zu tun und auf gut Glück anzufangen.
Er sieht auf die Uhr. Es ist Nachmittag, die Zeit, in der die Putzfrauen noch einmal die Gänge und Treppen reinigen, nachdem die letzten Besucher gegangen sind. Er sieht zum Fenster hinaus. Es schneit und schneit. Er verlässt sein Zimmer, fährt mit dem Lift in die Abteilung drei, geht langsam über den menschenleeren Gang.

Am Ende des Ganges sieht er in einer Abstellkammer eine dicke Gestalt in einem bunten Gewand, die einen Eimer abstellt und einen Putzlumpen darüberbreitet. Dr. Schwartz bleibt hinter einem hohen Gummibaum stehen und rührt sich nicht. Die Gestalt dreht ihm noch immer den Rücken zu, schließt die Tür zu dem Abstellraum. Sie macht die Tür zu einem Krankenzimmer auf und verschwindet. Der Arzt wartet eine Weile. Sie kommt nicht wieder. Was hat eine Putzfrau so lange in einem Krankenzimmer zu suchen? Der Arzt geht leise zu der Tür und öffnet sie. Jedes Krankenzimmer hat eine solche äußere Tür, die gepolstert ist und schalldämpfend wirkt. Die zweite Tür, die von dem kleinen Vorraum in das Krankenzimmer führt, ist aus Glas, sodass man das Zimmer sofort überblicken kann.
Der Arzt rührt sich nicht. Er kann sicher sein, dass man ihn nicht sehen kann, denn er steht im Dunkel. Er aber sieht alles.
Es ist ein Dreibettzimmer. In einem Bett liegt Mary, die vor vier Tagen mit einer Vergiftung eingeliefert worden war. Noch am Morgen hatte sie völlig apathisch im Bett gelegen. Jetzt sitzt die dicke Frau auf ihrem Bett und hält sie in den Armen. Ihr schwarzes Gesicht glänzt vor Eifer und Güte. Die beiden anderen Kinder, Jane und Jenny, haben sich an das Fußende von Marys Bett gesetzt. Alle drei sehen die Frau an, reden durcheinander, lachen.
„Mummy", rufen sie, „was spielst du heute mit uns?"
Mummy wackelt mit dem Kopf, als müsse sie überlegen. Dann hebt sie zwei Zeigefinger ihrer dicken Hände, ohne Mary aus den Armen zu lassen. Die Kinder machen es

nach. Mummy brabbelt etwas. Der Arzt kann es nicht verstehen. Sie streckt alle zehn Finger aus, versteckt die Zeigefinger wieder, bis plötzlich alle Finger verschwinden. Die Kinder lachen laut. Mummy zaubert Schattenbilder an die Wand: einen Hasen, der mit den Ohren wackelt, zwei Buben, die miteinander raufen. Die Kinder machen es nach. Während all der Zeit liegt Mary in Mummys Armen wie ein Vogel im Nest.

Der Arzt klopft an die Glastür und tritt ein. Mummy erschrickt keineswegs. Sie lässt Mary nicht aus den Armen, senkt nur ein wenig den Kopf mit dem fest geschlungenen Turban zur Begrüßung.

„Was machen Sie hier?“, fragt der Arzt. Er fragt es freundlich. Mummy murmelt Unverständliches. Der Arzt starrt sie an. Sie ist sprachbehindert.

„Mummy spielt mit uns“, rufen die Kinder, „jeden Tag nach der Arbeit. Sie geht auch in die anderen Zimmer. Wir haben sie lieb.“

Mummy strahlt.

„Und die Schwestern?“, fragt der Arzt, „und eure Eltern und Geschwister?“

„Jaja“, sagt Jane, „sie sind alle sehr nett, aber sie haben wenig Zeit. Mummy hat immer Zeit.“

„Deck dich besser zu“, sagt der Arzt zu Jane, „vor ein paar Tagen hast du noch 40 Grad Fieber gehabt.“

Jane bleibt am Fußende von Marys Bett sitzen und zieht lachend die Decke hoch.

„Das ist vorbei“, sagt sie, „bald ist Weihnachten. Da bin ich wieder daheim.“

Der Arzt wendet sich an Mummy: „Wie lange sind Sie schon im Haus?"
Mummy hebt drei Finger der linken Hand. Drei Jahre. Das ist genau die Zeit, in der die Kinder der Abteilung drei so erstaunlich schnell gesund geworden sind.

Der Chefarzt versammelt alle Ärzte und Schwestern des Krankenhauses und berichtet, was er erlebt hat: Eine sprachbehinderte, schwarze Putzfrau, die mit den Kindern spielt.
„Das ist unglaublich", sagt ein Kollege.
„Das grenzt ans Wunderbare", sagt die Oberschwester.
„Die ist uns über", sagt der junge Assistenzarzt, der das alles ins Rollen gebracht hat. Mummy wird gefragt, ob sie nicht einmal in einer anderen Abteilung putzen würde. Sie ist gern dazu bereit. Nach ein paar Wochen ist es diese Abteilung, in der die Kinder schneller gesund werden.
Der Chefarzt macht seinen Erkundungsgang auch hier. Wieder erlebt er, was er in ähnlicher Weise schon einmal erlebt hat: Mummy auf dem Bett eines Buben sitzend, das Kind in den Armen, Unverständliches brabbelnd, umringt von drei anderen Buben, von denen keiner mehr krank zu sein scheint. Die Kinder drehen sich um. Sie sind mitten in einem Ratespiel. Der Arzt hat das Gefühl zu stören.
Er geht auf Zehenspitzen hinaus, wartet. Nach einer halben Stunde kommt Mummy. Sie sieht zufrieden aus. Sie erschrickt nicht, deutet nur wieder diese kleine Verbeugung mit dem Kopf an. Sie trägt einen leuchtend-roten Turban.

„Mummy, wie machen Sie das?“, fragt der Arzt. Mummy lächelt und wiegt den Kopf. Der Arzt sieht in ihre Augen: uralte Kinderaugen.
„Wie machen Sie das?“, fragt er noch einmal.
Mummy kauderwelscht. Sie strengt sich an. Sie wiederholt es, bis der Arzt versteht: „Ich liebe die Kinder.“
„Alle?“, fragt der Arzt.
Mummy nickt freudig: „Alle.“
Als sie geht, sieht er ihr nach. Für ihr Gewicht geht sie erstaunlich leicht. Am Ende des Ganges beginnt sie sich langsam zu drehen. Die Musik dazu hört nur sie. Sie scheint zu schweben. Dazu breitet sie die Arme aus, als wolle sie die ganze Welt umarmen.

SEHNSUCHT
NACH MEHR
WEIHNACHTEN

Ich wünsche uns,
dass uns in der Heiligen Nacht
das Licht des Himmels
direkt ins Herz scheint
und uns mit so großer Freude erfüllt,
dass manche Wunde in uns
endlich heilt.

Christa Spilling-Nöker

Uta Rohrmann

Das Weihnachtslachen

Es sah aus wie auf einer gelungenen Ansichtskarte: Beidseits des Hafens spiegelten sich die riesigen Silhouetten der Kaufhäuser und Bürogebäude im Wasser. In der Dämmerung des Dezemberabends kamen die bunten Lichterketten, Leuchtkugeln und blinkenden Weihnachtsmänner besonders eindrucksvoll zur Geltung. Yan-Mun blieb einen Augenblick stehen. Ja, so hatte es immer ausgesehen. Vor sechs Jahren war sie zum letzten Mal hier gewesen. Ein vertrauter und doch wieder ganz neuer Anblick. „Das ist Hongkong, meine Heimat. Hier bin ich aufgewachsen", sagte sie nicht ohne Stolz zu ihrer Freundin Sabine, mit der sie gerade vom Flughafen gekommen war.

Die Hochzeit ihres Cousins im kommenden Januar war der eigentliche Anlass gewesen, Weihnachten dieses Jahr wieder einmal in Hongkong zu erleben. Und Sabine, die

sie beim Studium in Deutschland kennengelernt hatte, hatte die Einladung, mit ihr zu feiern, sehr gerne angenommen.
Nach etwa halbstündiger Fahrt standen die beiden jungen Frauen vor dem Wolkenkratzer, in dem Yan-Muns Schwester eine kleine, aber hübsche Wohnung hatte. Joyce begrüßte sie überaus herzlich. Ein reichhaltiges Abendessen mit mehreren Gängen wartete bereits auf sie. „Oh, was ist denn das?!", entfuhr es Yan-Mun. Aus einer Ecke des Wohnzimmers blinkte und funkelte es unentwegt. Dahinter erkannte sie einen Plastikbaum, aus dessen Wurzeln es ununterbrochen „Jingle bells, jingle bells" tönte. Joyce strahlte: „Nun, ich dachte, ich bereite euch eine kleine Überraschung, meine beiden lieben Gäste! Damit ihr euch nicht so fremd fühlt. Ein Weihnachtsbaum gehört doch unbedingt dazu in Deutschland, nicht wahr?" Yan-Mun sah ihre Schwester dankbar an. Wie rührend von ihr. Sie meinte es so gut. „Du bist ein Schatz, Joyce. Das ist wirklich lieb von dir." Innerlich empfand sie jedoch Befremden. Wie seltsam. Wie künstlich. Wie gemacht. Der Duft von frischem Tannengrün fehlte, der in Deutschland die Weihnachtsstuben erfüllt. War das nicht einfach eine scheußliche Geschmacksverirrung? Klar, Joyce konnte ihr keinen echten Baum bieten. Bäume abholzen war in Hongkong schließlich streng untersagt. Yan-Mun wurde plötzlich bewusst, wie sehr sie bereits zwischen den Kulturen stand. Zweifellos hatten die Jahre in Deutschland sie geprägt, ja, und verändert – in ihrem Denken, ihrem Empfinden, ihrem Geschmack. War sie ein Stück weit schon Deutsche

geworden? Immerhin hatte sie sich zu ihrem chinesischen noch einen deutschen Vornamen zugelegt. „Sandra" konnten sich die Deutschen nun einmal besser merken und auch besser aussprechen als „Yan-Mun". Sie hatte davon gehört, dass viele nicht nur einen Kulturschock erlebten, wenn sie in ein fremdes Land gingen, sondern auch dann, wenn sie nach längerem Auslandsaufenthalt wieder zurück in ihre ursprüngliche Heimat kamen und diese plötzlich mit anderen Augen wahrnahmen. Jetzt erlebte sie selbst diesen Zwiespalt, der sich in den kommenden Tagen noch verstärken sollte.

„Übermorgen ist der 25. Dezember. Zeit für die Weihnachtsparty", bemerkte Joyce. „Ich hab schon mal ein paar Plätze im Restaurant vorbestellt und ein paar alte Schulfreundinnen von dir angerufen. Sie würden sich gerne mit dir zum Buffet treffen. Wäre das in deinem Sinne, Yan-Mun?" – „Na klar", strahlte diese. „Da bin ich ja gespannt, wen ich da alles treffen werde!"

„Mensch, Sabine, ich hab noch gar keine Geschenke. Weißt du, hier ist Weihnachten eigentlich kein Familienfest, sondern man feiert mit Freunden und bringt denen auch Geschenke mit. Freundinnen und Kumpels von früher werde ich morgen etliche treffen, entsprechend muss die Anzahl der Geschenke ausfallen. Und übrigens könnte ich zu diesem festlichen Anlass auch neue Klamotten vertragen. Also, ich denke, wir gehen heute mal fett einkaufen. Was hältst du davon?!"

Yan-Mun und Sabine genossen zunächst ihren weihnachtlichen Einkaufsbummel. Sie tranken in einem der zahlreichen Kaufhäuser am Hafen gemütlich einen Kaffee, umgeben von Glitzer und Gloria, Geflimmer und Gedränge und unablässigem „Jingle bells". Neben einer riesigen Auswahl an Hightech-Produkten und schicker Kleidung waren vor allem Deko- und Scherzartikel der Renner. Yan-Mun hatte viel Spaß daran, zusammen mit ihrer deutschen Freundin festliche Kleidung anzuprobieren, und fand dann auch bald das Richtige für die Weihnachtsparty: einen schwarzen Hosenanzug, dazu eine weiße Seidenbluse mit Blumendekor und passendem edlen Schal. Sie gönnte sich noch ein weihnachtliches Parfüm und kaufte diverse Kosmetika, Schmuck und CDs für ihre Freundinnen. Als sie mit Sabine an der Kasse stand, fiel ihr nach einer Viertelstunde Wartezeit ein, dass sie noch für zwei Leute, die sie morgen treffen würde, Geschenke vergessen hatte. „So ein Mist", dachte sie. Der Konsumtempel hatte sich nun, da die meisten Leute Feierabend hatten und viele noch eben auf dem Weg von der Arbeit nach Hause die letzten Geschenke besorgen wollten, so gefüllt, dass man sich kaum mehr umdrehen konnte. „Zu spät", dachte sie. „Ich muss übermorgen noch mal los. Am 25. vor der Weihnachtsparty. Auch nicht so lustig. Zumal ich sowieso keine Ahnung habe, was Ju Hong und Bi überhaupt gefällt. Schwer zu sagen, wie sie sich entwickelt haben. Im Grunde kenn ich sie ja kaum mehr ..." Sie erschrak ein wenig, als ihr die Verkäuferin den Gesamtbetrag nannte, zahlte jedoch, ohne mit der Wimper zu zucken.

Als Sabine und Yan-Mun in der Dämmerung die Hafenstraße betraten, staunten sie nicht schlecht: Riesige Maschinen waren dabei, künstlichen Schnee über den gesamten Hafenbereich zu streuen – und das bei Temperaturen zwischen fünfzehn und achtzehn Grad ... „Au weia", sagte Yan-Mun zu Sabine, „verrückt, nicht wahr? Ich glaube, früher in meiner Kindheit haben sie das noch nicht gemacht. Kann mich zumindest nicht erinnern ... Kann man Weihnachten denn nicht auch ohne Schnee erleben?" Wieder hatte sie dieses seltsame, widersprüchliche Gefühl von Vertrautheit und Befremden überkommen – der Kulturschock in der eigenen Heimat.

Tai Man saß mit etwa einem Dutzend anderer Leute in einem Wohnzimmer im fünfzehnten Stock eines Hongkonger Wolkenkratzers und feierte Weihnachtsgottesdienst. Er gehörte einer der christlichen Hausgemeinden der Stadt an, die sich am 25. Dezember trafen, um Weihnachten einen anderen Akzent zu geben, als sonst in der Bevölkerung allgemein üblich. Die Predigt war zu Ende und die Zeit für persönlichen Austausch und gemeinsames Gebet gekommen.

„Ich möchte euch bitten, mit mir zusammen für meine Schwester zu beten", sagte Tai Man. „Ich hatte sie eingeladen, heute mit hierher zu kommen, doch sie hat höflich abgelehnt. Sie sei schon verabredet, meinte sie. Früher, in ihrer Schulzeit, kam sie eine Zeit lang regelmäßig mit in die Kirche. Eine Klassenkameradin hatte sie eingeladen. Ich dachte, sie sei gläubig geworden ... Wie auch immer, sie folgte ihrer großen Liebe nach Deutschland und studierte dort. Soweit ich weiß, hat sie dort keinen Gottes-

dienst mehr besucht; sie verstand am Anfang ja eh nicht die Sprache. Doch auch später zeigte sie kein Interesse mehr an Gott und seinem Wort. Dieses Jahr ist etwas Schreckliches passiert: Ihr Mann, die Liebe ihres Lebens, ist gestorben. Ich weiß, dass sie an diesem Verlust unsäglich leidet, auch wenn sie sich bemüht, nach außen hin gefasst zu erscheinen. Ich würde ihr so gern helfen. Wie oft habe ich schon versucht, mit ihr zu reden, sie auf Gott hinzuweisen, der allein wirklich trösten kann, aber meine Worte scheinen alle an ihr abzuprallen. Weihnachten ist mehr als Sushi und gebratene Ente, mehr als ein festliches Buffet, Lichterketten und teure Geschenke, ja, aber das zu vermitteln, das fiel mir heute beim Traktateverteilen an der Hafenpromenade im Gespräch mit wildfremden Leuten leichter als im Gespräch mit meiner eigenen Schwester."
Er holte tief Luft.
Mehrere Mitchristen nickten verständnisvoll. „Das kann ich gut nachvollziehen", sagte ein anderer junger Mann. „Weil es mir ganz ähnlich ging. Doch ich glaube, wir sollten den Anspruch aufgeben, unsere Angehörigen bekehren zu wollen. Das sollten wir besser Gott überlassen. Inzwischen habe ich damit aufgehört, mit meinen nicht christlichen Familienmitgliedern immer wieder Gespräche über Jesus zu führen. Stattdessen rede ich mehr mit Jesus über sie. Seither läuft es irgendwie besser. Tai Man, bitte einfach Jesus immer wieder darum, dass er deiner Schwester begegnet. Wir werden dich im Gebet für sie kräftig unterstützen."

Einige Jahre später, etwa um die gleiche Zeit, zündete eine Mitarbeiterin einer evangelischen Kirchengemeinde in Norddeutschland die Kerzen an den festlich gedeckten Tischen im Saal an. Die Weihnachtsfeier war öffentlich; man hatte, wie jedes Jahr, auch über die Tageszeitung dazu eingeladen. Die Gäste, die kamen, wurden liebevoll betreut und aufmerksam bedient. Sie sollten das Gefühl haben, Ehrengäste zu sein. Dies war wohl ein entscheidender Grund, weshalb zwar immer wieder Neue kamen, die meisten aber doch über Jahre hinweg treue Stammgäste waren. Die Menschen, die kamen, waren zumeist einsam, hatten keine Familie, mit der sie feiern konnten: alte Menschen, Alleinstehende und Alleinerziehende, Migranten oder auch gescheiterte Existenzen.
Das Mitarbeiterteam hatte sich über die Jahre gut eingespielt: Die einen sorgten für die Deko, die anderen für Kaffee und Kuchen. Es gab einen Fahrdienst, der die Gäste bei Bedarf abholte und heimbrachte, Bedienung an den Tischen, schöne Weihnachtsmusik und gemeinsame Lieder, eine kurze Ansprache über die Bedeutung von Weihnachten, ein liebevoll ausgesuchtes und verpacktes Geschenk für jeden Gast und ein leckeres Abendmenü zum Ausklang der Feier. Die Gäste sollten hautnah etwas erfahren von der Liebe Gottes, die sich gerade zu Weihnachten zeigt. Dem Team war klar, dass Weihnachten nicht nur in den engsten Familienkreis gehörte. Nein, die Botschaft von Weihnachten war seit jeher gerade für Einsame und Traurige bestimmt, die sich nach Liebe, Licht und Rettung sehnten. Etwas weitergeben von dem Licht von Weihnach-

ten, ja, selbst ein Licht in der Welt sein, das wollten die Mitarbeiter gerne.

Damit sich keiner der Gäste alleingelassen fühlen würde, sprachen sie noch kurz vorher ab, wie sie sich an den Tischen verteilen sollten und wer sich um wen kümmern würde. Gerade war ein Mann hereingekommen, dessen Gesicht inzwischen bekannt war. Er sagte kein Wort, kam jedes Jahr zur Weihnachtsfeier, darüber hinaus aber zu keiner Veranstaltung. „Sandra“, raunte die Frau des Pfarrers einer jungen, asiatisch aussehenden Frau zu, „würdest du dich heute zu ihm setzen? Ich habe irgendwie das Gefühl, dass du die richtige Person dafür bist.“ Die Angesprochene tat dies, obwohl ihr nicht so recht klar war, warum gerade sie diese Aufgabe übernehmen sollte. Sicher, sie war kontaktfreudig, aber was sollte sie mit diesem Menschen reden? Er vermittelte den Eindruck, als ob er überhaupt nicht angesprochen werden wollte. Sein Gesichtsausdruck wirkte unbeteiligt, abwesend, irgendwie kalt. Furchen hatten sich in seine Stirn gegraben. Egal, was während der Feier ablief: Noch nie hatte jemand gesehen, dass er eine Miene verzog oder irgendwelche Gefühle zeigte. „Der hat wohl einiges mitgemacht im Leben“, überlegte Sandra. „Scheint ein grober Klotz zu sein. Vielleicht ein Handwerker im Ruhestand oder Vorruhestand. Keine Ahnung, wie alt er ist.“

Im Laufe der Feier gelang es ihr tatsächlich, mit ihm ins Gespräch zu kommen. Zunächst etwas zögernd und einsilbig erzählte er aus seinem Leben.

Sandra erfuhr, dass er eigentlich zunächst eine ganz normale Biografie gehabt hatte. Er war gebildet, hatte studiert und als Lehrer gearbeitet. Doch dann war er immer häufiger krank geworden und schließlich arbeitsunfähig. Dies führte dazu, dass er sich immer mehr zurückzog. Offensichtlich hatte sein Selbstwertgefühl ziemlich gelitten ...

Der Pfarrer hatte gerade die Weihnachtsbotschaft verkündet, indem er die jahrtausendealte Geschichte der Hoffnung und Freude über die Geburt von Jesus nacherzählt hatte. Nach einem schönen Instrumentalstück war das festliche Abendessen eröffnet worden. Und da geschah es: Der Mann, der keine Miene verzogen hatte, verzog plötzlich das Gesicht und lachte. Er lachte laut, sodass sich sogar die Leute am Nachbartisch verwundert umdrehten. Sandra konnte im Nachhinein gar nicht mehr sagen, was ihn eigentlich zum Lachen gebracht hatte. Sie musste wohl irgendeine Bemerkung gemacht haben, die er witzig fand. Was auch immer genau der Auslöser war, dieses Lachen wirkte vielleicht etwas unbeholfen und doch befreit. Es kam von Herzen.

Als Sandra am späten Abend nach dieser Feier wieder allein in ihrer Wohnung saß, sah sie immer noch diese Szene vor sich: Ein Mann, der aus seiner Erstarrung aufbricht, der plötzlich laut loslacht. Sie dachte über ihr eigenes Leben nach. Sicher, es war ganz anders als das dieses Mannes. Und doch hatte sie Ähnliches erlebt. Sie hatte eine kurze, glückliche Ehe geführt. Vor wenigen Jahren war ihr Mann unerwartet gestorben. Der Schock saß tief. Sie war völlig verzweifelt und am Ende, fühlte sich so kraftlos, dass sie schließlich meinte, nicht mehr weiterleben zu können. Was hatte diese Situation verändert? Die Zeit, die angeblich Wunden heilt? Nein, sie war tief in ihrem Herzen heil geworden, weil sie – um es mit einem alten Begriff aus vielen Weihnachtsliedern zu sagen – dem „Heiland" begegnet war.

Nicht, dass sie nun nie wieder traurig war oder ihr Mann ihr nicht mehr gefehlt hätte, nein. Doch sie war nicht mehr verzweifelt und konnte wieder von Herzen lachen. Gerade in der Advents- und Weihnachtszeit staunte sie über die Liebe Gottes. Sie vertiefte sich in alte Weihnachtslieder, die davon sprachen, und vor allem in die Weihnachtsgeschichte im Lukasevangelium. Sie versuchte, diese Liebe in sich hineinzulassen, sie immer mehr zu begreifen. Aus Liebe zu uns verzichtete Gott auf alle seine Privilegien und kam in unsere Welt, um uns ganz nahe zu sein, um unsere Schuld wegzunehmen und unsere Verletzungen zu heilen. Was eigentlich hatte dies in ihr ausgelöst, dass sie das glauben, dass sie das für sich in Anspruch nehmen konnte? Noch vor wenigen Jahren hatte der Glaube doch kaum eine Rolle in ihrem Leben gespielt. Sie konnte es nicht genau sagen; es gab keinen Punkt in ihrem Leben, an dem sie das hätte festmachen können. Doch davon war sie im Nachhinein überzeugt: Dass sie glauben und neu leben konnte, dass sie befreit lachen und andere zum Lachen bringen konnte, das hatte viel mit den Gebeten zu tun, die ihr großer Bruder, dessen Frau und andere in Hongkong für sie zum Himmel geschickt hatten.

Zum Abschluss dieses Tages nahm sie noch einmal ihre Bibel zur Hand und las die uralten Verse zur Advents- und Weihnachtszeit: „Wenn der Herr die Gefangenen Zions erlösen wird, so werden wir sein wie die Träumenden. Dann wird unser Mund voll Lachens und unsre Zunge voll Rühmens sein. Dann wird man sagen unter den Heiden: Der Herr hat Großes an ihnen getan! Der Herr hat Großes an uns getan; des sind wir fröhlich" (Psalm 126,1–3; L).

Christa Spilling-Nöker

Ich habe einen Stern gesehen

Es war ein Heiliger Abend, wie er im Buche steht. Der Schnee rieselte leise vom Himmel und verwandelte die Welt in ein weihnachtliches Märchenparadies. Von Ferne läuteten die Glocken zum ersten Gottesdienst. Angesichts dieses stimmungsvollen Wintertages hatten Anne und Joachim am Nachmittag beschlossen, noch einen Spaziergang zu machen. Der Weihnachtsbaum war geschmückt, das Essen für den Abend vorbereitet. So blieb Ruhe und Zeit, durch den Schnee zu stapfen. Und das war gut so. Beim Gehen redet es sich besser, dachte Anne. Die letzten Wochen waren so voller Hektik gewesen, dass sie kaum noch Zeit füreinander gehabt hatten. Beide waren abends müde und häufig auch gereizt gewesen, aber um die Spannungen anzusprechen, hatte ihnen die Ruhe gefehlt.

„Joachim", sie hakte sich bei ihm unterwegs liebevoll unter, „ich muss mit dir reden!"

„Was gibt es denn?", tat er erstaunt.
„Vielleicht liegt es an dem Stress der Vorweihnachtszeit, ich weiß ja auch, dass du beruflich stark unter Druck stehst", entschuldigte sie sich schon fast, „aber ich frage mich manchmal, ob du überhaupt nicht merkst, dass du ständig an mir herummeckerst?"
„Was tue ich? Ich nörgele nicht an dir herum, ich mache dich manchmal auf Dinge aufmerksam, die du nicht zu verstehen scheinst."
„Du tust gerade so, als ob ich blöd wäre!"
Joachim sah sie mitleidig an. Anne kämpfte mit den Tränen. So hatte sie sich ein offenes Gespräch mit Joachim nicht vorgestellt. Sie wollten im nächsten Sommer heiraten, auch diesbezüglich hatte sie sich von dem gemeinsamen Weihnachtsurlaub die Gelegenheit erhofft, mit ihm gemeinsam einige Probleme, die die beiden Familien betrafen, klären zu können. Aber dazu kam es nicht. Je mehr sie sich von Joachim angegriffen fühlte, umso heftiger wehrte sie sich. Alle möglichen Kränkungen aus der Vergangenheit wurden wieder neu aufgewärmt. Anne war in ihren Vorwürfen Joachim gegenüber auch nicht gerade zimperlich. Beide wurden in der Stille der Landschaft immer lauter. Noch nie hatten sie einen dermaßen heftigen Streit gehabt. Keiner von beiden beachtete die Richtung, in der sie liefen.
„Wo sind wir eigentlich?" Abrupt blieb Anne stehen. Mit einem Mal bemerkte sie, dass die Dämmerung hereingebrochen war. „Ich glaube, wir müssen nach rechts", meinte Anne an der nächsten Wegkreuzung.

„Wir müssen nach links abbiegen", behauptete Joachim mit fester Stimme, „da kommen wir auf die Hauptstraße." Das wäre ja noch schöner, wenn er die Richtung nicht wüsste. „Du konntest dich doch noch nie orientieren", lachte er.

Blind vor Tränen trottete sie hinter ihm her.

Aber anstatt auf die Hauptstraße zu gelangen, waren sie nach einer halben Stunde im wahrsten Sinne des Wortes auf einem Holzweg gelandet. Da standen sie, frierend, mitten im Wald. Es war inzwischen dunkel geworden. Von dem Schnee, der inzwischen immer heftiger fiel, ging derweil die einzige Helligkeit aus.

„Was machen wir jetzt?", fragte Anne und lehnte sich an Joachim an. Im Augenblick war die Angst größer als die Wut.

„Das kommt alles nur durch dein Gequatsche", beschuldigte er sie und stieß sie von sich. Wie stand er jetzt da, als Mann, der nicht mehr wusste, wo es lang ging. Er konnte sich nicht erinnern, dass jemals einer aus der Familie von Meißen sich verlaufen hatte. Es war einfach lächerlich. „Dann finde du doch eine Lösung, du tust doch immer so schlau", höhnte er.

Anne sah auf den Boden. Sie zitterte. Sie fror. Sie hatte Hunger. Sie hatten nicht einmal ein paar Bonbons bei sich. Schließlich hatten sie ja vor dem Essen nur einen kleinen Spaziergang machen wollen.

Plötzlich faltete sie die Hände, sah zum Himmel empor, der ihr diesen Blick mit einer Schneeflocke auf ihre Nasenspitze dankte, und wurde ganz ruhig. „Fängst du jetzt an zu beten?", spottete er. Er verließ sich lieber auf Tatsachen als auf den lieben Gott.

„Da oben leuchtet ein Stern", sagte sie leise, „vielleicht ist es der Weihnachtsstern, der uns wieder nach Hause führt", fügte sie hinzu, und der uns einander wieder liebhaben lässt, so wie früher, dachte sie im Stillen. „Da oben, an einem Himmel, der von einer dichten Wolkendecke überzogen ist, aus der es unentwegt schneit, sieht meine Freundin einen Stern. Ich sehe ja auch manchmal Sterne, aber frühestens nach sieben Gläsern Glühwein", lästerte er.

„Ich gehe dem Stern nach", sagte Anne, „du kannst ja bleiben, wo du bist", fügte sie trotzig hinzu.

Unbeirrt ging Anne geradeaus und bog dann auf einen Weg ab, der bergauf führte. „Auch noch eine Bergtour in der Nacht." Joachim maulte, mochte Anne aber im Wald auch nicht alleine laufen lassen. Zumal wusste er ja selbst auch nicht den Weg zurück zu ihrer Ferienwohnung.

„Wir brauchen doch nur dem Stern zu folgen", meinte Anne. „Es ist wie bei den Heiligen Drei Königen. Die hatten auch einen Stern gesehen, und dann haben sie ein paar Sachen zusammengerafft und sich auf die Socken nach Bethlehem gemacht. Ohne Gewissheit, was unterwegs passieren konnte. Ohne sich vorher abzusichern und zu versichern. Sie hörten, dass in Bethlehem ein neuer König geboren war. Eine neue Hoffnung war aufgebrochen. Und der Stern wies ihnen den Weg zu dieser neuen Hoffnungsquelle. So wie uns jetzt."

„Du spinnst doch mit deinem religiösen Getue!"

Anne schwieg. Sie war jetzt ganz ruhig. Unbeirrt setzte sie ihren Weg fort. Die Füße schmerzten, auch der Hunger quälte sie nach wie vor, und dennoch wurde sie auf eine wundersame Art mit jedem Schritt innerlich leichter und heiterer. Hinter sich hörte sie Joachims keuchenden Atem. Auch er schwieg jetzt. Sie hatten sich müde gestritten. Plötzlich blieb Anne stehen und schien ihren Augen fast selbst nicht zu trauen. Sie stand direkt vor einem Wirtshausschild. Durch die Fenster drang ein matter Lichtschein. „Wir haben es geschafft", jubelte sie.

„Das Wirtshausschild wird vorhin beleuchtet gewesen sein, das war dein Stern, ha, ha, eine Kneipe als Weihnachtsstern."

Kaum war die Angst gewichen, machte er sich schon wieder über sie lustig.

„Aber du hast doch vorhin gar nichts gesehen", gab sie wütend zurück.

Sie klopften. Eine Frau öffnete die Tür. „Wir haben heute geschlossen", sagte sie. Dabei sah sie das Paar fragend an.

„Wir haben uns verlaufen, bitte lassen Sie uns herein, damit wir uns ein wenig aufwärmen können."

„Wir wollten gerade essen, kommen Sie, was für vier reicht, reicht auch für sechs", sagte die Frau freundlich. „Jetzt setzen Sie sich erst einmal an den warmen Kachelofen, ich bringe Ihnen einen heißen Tee und suche Ihnen etwas zum Anziehen heraus, Sie sind ja ganz durchgeweicht."

„Aber nun sagen Sie, wie haben Sie uns denn gefunden in der Nacht?", fragte der Mann, als sie beim Essen waren.

„Wir hatten doch unser Wirtshausschild heute gar nicht beleuchtet, weil Ruhetag ist."

Joachim wurde rot und Anne lächelte. „Ich habe einen Stern gesehen, der mich auf den Weg hierher geführt hat", erwiderte Anne ruhig.

Jetzt wird die Wirtsfamilie auch gleich spöttisch lächeln, dachte Joachim. Doch zu seiner Überraschung nickte die Frau.

„Das kenne ich", sagte sie. „Wenn die Dunkelheit unendlich und die Angst am größten ist, dann geht einem plötzlich in der Seele ein Stern auf, der einem die Richtung weist, wo und wie es weitergehen kann; bildlich gesprochen natürlich", lächelte sie den entgeistert dreinschauenden Joachim an. „Da entwickelt man ein Gespür für den richtigen Weg. Mitunter in äußeren Lebensfragen, im Wesentlichen aber wohl bei seelischen Problemen. In ganz alltäglichen Lebenssituationen wird einem mit einem Mal klar, was man tun oder auch aufgeben und hinter sich lassen muss, um vor sich neue Lebensmöglichkeiten und Wege überhaupt wahrzunehmen. Das ist doch Weihnachten", sagte sie mit einem Blick auf das Jesuskind in der kunstvoll geschnitzten Krippe, die unter dem Weihnachtsbaum liebevoll aufgebaut war, „dass immer wieder Hoffnung geboren wird, in jedem von uns. Manchmal muss man allerdings auch etwas dazu tun, muss mutig sein, um aufzubrechen und sich loslösen aus den bisherigen festen Lebensvorstellungen und Plänen, damit man das Neue auch entdecken und gestalten kann."

Anne sah sie mit großen Augen an.

„Sehen Sie", sagte die Frau, „mein Mann und ich sind über Jahre nicht darüber hinweggekommen, dass unsere kleine Tochter am plötzlichen Kindstod starb. Danach wurde ich nicht mehr schwanger. Wir hatten uns unbedingt eigene Kinder gewünscht und waren nahe daran, zu verbittern. Als meine Freundin und deren Mann bei einem Unfall ums Leben gekommen waren, war uns sofort klar, dass wir für ihre Zwillinge sorgen würden, mit allen Konsequenzen. Heute lieben wir die beiden, als wären sie unser eigenes Fleisch und Blut."

„Wann ist denn endlich Bescherung?" Die beiden lebhaften Buben zappelten unruhig auf ihren Stühlen herum und schauten mit sehnsuchtsvollen Blicken auf die Pakete, die unter dem Weihnachtsbaum glänzten. „Erst wird gegessen, und schmatzt nicht so", sagte die Frau mit leicht tadelnder Stimme, aber einem liebevollen Glanz in den Augen.

Einen Augenblick war es still in der warmen Stube. Plötzlich sah der Mann auf: „Kenne ich auch, solche Erlebnisse mit dem Stern", sagte er leise. „Drei Jahre lang war ich arbeitslos. Mittlerweile hatte ich die Hoffnung aufgegeben. Alles Mögliche hatte ich versucht, um wieder in meiner Branche Fuß zu fassen. Aber vergeblich. Mir ging es furchtbar schlecht in dieser Zeit. Ich fühlte mich als Versager. Die Familie musste doch von irgendetwas leben. Als die Gastwirtschaft hier zu verpachten war, war es meine Frau, die die Idee hatte, uns dadurch eine neue Existenz aufzubauen. Ich hatte Angst vor den Schulden, die auf uns zukommen würden. Aber meine Frau ließ nicht locker. Sie

hat zu mir gehalten in den schweren Jahren; ihre Liebe und der Mut, den sie an meiner Stelle hatte, haben meine Verzweiflung durchbrochen und mir wieder eine neue Perspektive gegeben. Etwas einsam ist es ja manchmal hier oben, wenn man die Stadt gewöhnt war, aber wir kommen gut zurecht und haben unseren Frieden wiedergefunden."
Sternstunden sind Augenblicke, in denen einem klar wird, wie das Leben weitergehen soll, dachte Anne. In dieser Heiligen Nacht auf dem Weg durch die Dunkelheit war ihr so vieles klar geworden. Dass sie sich von Joachim trennen musste. Zu oft hatte er sie klein gemacht, gedemütigt. Dass sie ihren Arbeitsplatz aufgeben und doch noch ihr Abitur nachholen wollte. Warum hatte sie sich immer einreden lassen, zu dumm dazu zu sein? Sie würde es schaffen! Sie würde ihr Leben ganz neu anpacken. Schon lange hatte sie sich, trotz der Erschöpfung nach dem weiten Weg in dunkler Nacht, nicht mehr so voller Lebensenergie gefühlt wie heute. „Weihnachten ist dort, wo neue Hoffnung geboren wird und das Leben wieder eine neue Perspektive gewinnt", hatten die Wirtsleute gesagt. Dann ist heute wirklich Weihnachten in mir, dachte sie und schnitt sich hungrig noch ein großes Stück von dem knusprigen Braten auf dem Tisch ab.

Monika Hunnius

Weihnachten im Künstlerheim

Sie waren durch viel Leid und Trübsal gegangen, die der Krieg mit sich gebracht hatte. Trennungsschmerzen, Angst um geliebtes Leben, das im Kugelregen draußen stand – Krankheit und Not – alles war durch ihre Seelen gegangen, hatte sie kleinmütig und mutig, traurig und froh gefunden. Und nun waren sie vereinigt in schwer erkämpftem, ungetrübtem Glück. Es war ein schönes, kleines Künstlerheim, in dem ich mit ihnen den Weihnachtsbaum schmückte. Alter, wertvoller Hausrat aus Großvaters Zeiten füllte das Zimmer, und Blumen blühten an den Fenstern, trotz Schnee und Winterkälte draußen. Schöne Bilder von Künstlerhand schmückten die Wände, weiche Teppiche deckten den Fußboden, und im Nebenzimmer, in einem weißverhüllten Wägelchen, schlief der größte Stolz des Hauses, ein kleines Kind, nur wenige Monate alt. – Durch Jahre meines Lebens hatte ich schon zu ihr gehört, war

durch Jahre schwersten Ringens auf ihrer Künstlerlaufbahn mit ihr gegangen, Schritt für Schritt, Schmerzen und Freuden mit ihr teilend. Sie war eine von den Berufenen, aber ihre Seele war zart und verletzlich, sie litt auf dem steinigen Pfad, der zur Höhe führte. Nun war sie glücklich an der Seite des geliebten Mannes, der auch Künstler war. Ich hatte mich aus der Ferne an ihrem Glück gefreut, und heute durfte ich Weihnachten mit ihnen feiern. Während wir den Baum schmückten, erzählten wir uns von all den Jahren, die wir getrennt gewesen waren. Er erzählte von Kriegsnot, von Weihnachtsfesten in den Unterständen, oft unter Kugelregen und Kanonendonner – sie von Weihnachtsfesten der Einsamkeit, voll Sehnsucht, voll geduldigen Wartens.
Ich schwieg und horchte auf die Erzählungen der beiden Glücklichen. Ich hatte aus der Heimat fliehen müssen, und das Heimweh verschloss mir die Lippen. Die beiden jungen Menschen, die immer wussten, was in meiner Seele vorging, spürten es auch dieses Mal und schwiegen.
Dann fing die junge Frau an zu erzählen von einem Weihnachtsfest, das sie in Livland auf dem Lande mit mir erlebt hatte. Sie nannte mein Heimatland seitdem nur „die Seelenheimat“. Sie spricht mit leiser Stimme, als sähe sie Bilder vor sich; und ein geliebtes Doktorhaus ersteht unter ihren Worten vor meine Blicken, hoch am Ufer der Düna gelegen. „Das Haus ist langgestreckt und schmal“, erzählt sie, „Ställe, Wagenremise und sämtliche Wirtschaftsräume sind unter einem Dach. Man nennt es die ‚Arche‘. Unten im Garten fließt die Düna vorüber. Der Strom, der

sonst so lebendig rauscht, liegt wie schlummernd unter seiner Schnee- und Eisdecke da. Im Hause aber waltet die Liebe. ‚Tante Ida' regiert das Haus mit warmer, liebevoller Hand; sie füllt es mit dieser Liebe, bis in jeden Winkel hinein spürt man sie. Wie viele Müde, Arme, Kranke, Gestrauchelte kommen im Laufe des Jahres in dieses Haus und holen sich Kraft aus dem großen Strom der Liebe, aus der mutigen Seele, die aus Tante Idas Augen spricht! Sie ist eine wunderschöne alte Frau mit herrlichen Blauaugen, grauem Haar und stolzen Zügen, als wäre sie aus königlichem Geblüt. Das Königliche aber hält nicht stand vor Leid und Krankheit; wo sie denen begegnet, da werden die stolzen Königsaugen weich, denn sie weiß zu trösten, ‚wie eine Mutter tröstet'. Das Haus ist zu Weihnachten gefüllt: Kranke holen sich Kraft, Traurige Mut, Müde, Überarbeitete Ruhe und Frieden aus der Arche, aus den hellen, mutigen Mutteraugen Tante Idas. Es war ein so wunderbares Leben dort, und dies alles vergesse ich nie", schließt die junge Frau leise und schweigt dann. Der junge Hausherr horcht auf die fremde Welt, von der wir reden, die seinem Herzen doch so nahe ist. Und ich erzähle weiter: „Die Vorbereitungen zum Heiligabend sind alle gemacht. Wir haben den Weihnachtsbaum aus dem Walde geholt. Er füllt die ganze Mitte des Saales und ist wie ein Stück Wald, das ins Zimmer gekommen ist. Riesenschüsseln mit Gebäck werden von ‚Guscha', dem guten Geist des Hauses, aus der Küche getragen und auf den Tisch im Speisezimmer hingestellt. Guscha strahlt, ihr Gesicht ist vom Herdfeuer gerötet, sie ist dick und fröhlich, und ihr Herz kennt nur eine Freude: für andere Gutes tun und für sie arbeiten. – Die Bescherung ist gewesen, das festliche Abendessen hat uns um den langen Speisetisch vereinigt. Wie schmeckte es allen! Wie froh waren alle! Nun sitzen wir um den Kamin, in dem die riesengroßen Birkenscheite flammen. Wir plaudern, lachen und schweigen. Die Flamme des Kamins fällt auf die Gesichter. Da ist der Sohn des Hauses, eine schlanke, vornehme Erscheinung, um den feinen Mund ein etwas spöttisches Lächeln, das man zuerst ein wenig scheut, bis man weiß, dass dieses Lächeln nichts weiter ist als ein Schutz für sein allzu weiches Herz. Und da ist auch Ida, die Tochter des Hauses, sie ist herb und scheu, aber sie hat ein Herz voll unwandelbarer Treue. Sie ist wie Schön–Rotraut, die nicht spinnen noch nähen mag, tut fischen und jagen.

Man muss sie im Segelboot sehen, in Sturm und Wellen, mit ruhiger Hand das Steuer haltend. Wenn die Wellen über den Bootsrand schlagen, wenn der Mast sich ächzend biegt und zu brechen droht, dann lachen ihre ernsten Augen, und ein Jubelruf bricht aus ihrer verschlossenen Seele.

Eine seltsame Macht übt sie auf Tiere aus, dass es fast wie ein Zauber wirkt, und die wildesten Pferde werden zahm und gehorsam auf ihren leisen Zuruf. Zu ihren Füßen ruht eine riesige Dogge, die ihr immer zur Seite ist und auf jede Bewegung ihrer Herrin horcht. Der Duft des Tannenbaumes und der Wachslichter zieht durch alle Räume des Hauses, das so voller Tradition ist, füllt die niedrigen Zimmer mit altmodischen Möbeln, ihren Streckbalken an der Decke, den weißen Tannenfußböden und dem unaussprechlichen Behagen.

Da tritt Tante Ida unter uns: ‚Kinder, kommt hinaus und seht, wie draußen die Sterne funkeln! So funkeln sie nur am Heiligabend, zu Ehren des Christkindleins.' Wir gehen alle in den Garten, dicht eingehüllt in unsere Pelze. Es ist so kalt, dass man schwer atmet. Es ist ganz still, der Schnee leuchtet und knirscht unter unseren Schritten, die Sterne funkeln, und in der Ferne schlägt ein Hund an. Aus den Fenstern des langgestreckten Hauses fällt ein Lichtschein auf den Schnee – aus der Leutestube hört man das Gesinde singen – sie singen ein Weihnachtslied: ‚Stille Nacht, heilige Nacht.'"

Nun schweig auch ich. Alles, alles das ist einmal gewesen, ehe der Krieg kam, ehe die Revolution über uns hereinbrach. Nie gibt es mehr ein Weihnachtsfest in der Arche. Tante Ida ist tot – ihre Kinder auch tot oder weit verstreut. Die alte Arche ist verschwunden, die Bäume im Garten sind gefällt – tiefe Gräben ziehen sich durch die Gartenwege und die Beete, und der Schnee deckt Trümmer zu. Keiner kann sich dort mehr Kraft für sein Leben holen, keiner Liebe erfahren. Ein Schluchzen dringt mir aus dem Herzen. –

Der Baum im Künstlerheim ist fertiggeschmückt. Die Lichter am Baum werden angezündet, der Hausherr öffnet den Flügel – wir singen Weihnachtslieder. Voll und reich klingen die herrlichen Stimmen der beiden Sänger durch den Raum. Der junge Künstler nimmt die Bibel und schlägt das Weihnachtsevangelium auf. Er liest mit tiefbewegter

Stimme die Weihnachtsgeschichte. Neben dem Flügel steht der Kinderwagen, drin schlummert fest und süß das Kleine. Da tritt die junge Mutter an den Wagen und nimmt das schlummernde Kind in ihre Arme. Sie steht vor dem Weihnachtsbaum und hält es mit hocherhobenen Armen in den Strahl der Weihnachtskerzen. Da erwacht das Kleine und blickt mit hellen Augen in die Weihnachtslichter. Es ist ganz still; plötzlich hebt es seine Händchen, greift nach den hellen Flammen und lacht. Der Vater liest die Weihnachtsgeschichte zu Ende: „Und die Klarheit des Herrn umleuchtet sie."

Ist es nicht wie unsichtbares Flügelrauschen, das durch den Raum weht – ist es nicht wie ein heiliges Licht, das aus dem Antlitz der jungen Mutter strahlt?

Ich sah sie oft auf dem Konzertpodium, strahlend schön, umrauscht vom Beifall der Menge, erfüllt, begeistert und getragen von ihrer künstlerischen Aufgabe. Nie aber sah ich dieses Licht in ihren Augen, nie sah ich diese stille Klarheit in ihren Zügen wie eben, da sie ihr kleines Kind in hocherhobenen Armen, wie ein Opfer, in das Licht der Weihnachtskerzen hielt.

Ida Bindschedler

Der Weihnachtstag

Endlich, endlich war der Weihnachtsmorgen da. Marianne leuchtete, und Lotti wischte den letzten Strich aus, den allerletzten! Kaum waren die beiden imstande, sich anzuziehen vor Freude. Und es gab doch noch so viel zu tun. Im Wohnzimmer brannte die Lampe, ringsum auf Tischen und Stühlen war eine prächtige Unordnung von Schuhen, Spielzeug und Kleidern, von Körben mit Äpfeln, Kuchen und allerlei andern Esswaren. Mama richtete Pakete für verschiedene Leute, die sie beschenken wollte. So bekam Theodor Hahn ein paar neue Stiefel, ein Märchenbuch und eine große Tüte voll Backwerk. Für Mischa Zritschek, der immer noch alles Schuhwerk der Familie Turnach sohlte und flickte, hatte Mama Taschentücher und ein Schreibzeug, für seine Mutter Wollenstoff und Kaffee bereit.

„Guten Morgen, Mama ! Mama, es ist Weihnachten!", kamen die Kinder hereingesprungen und machten sich eilig auch an ihre Pakete. Das war die letzte schöne Arbeit! Marianne hatte für ihre Geschenke weißes Seidenpapier mit rosa Bändchen, Lottis Sachen wurden in Blau gewickelt mit silberner Schnur. Hans aber brachte hellgrüne Bogen und steckte auf alle seine Päckchen kleine Stechpalmenzweige voll roter Beeren, die er von Balbines Bruder, dem Gärtner, erhalten hatte.

Jedes der Kinder war in einer Ecke beschäftigt und schrie laut auf, wenn ein anderes in die Nähe kam. Lotti legte sich immer mit der ganzen Länge auf ihre Herrlichkeiten, um sie zu verbergen.

Der kleine Werner erschien nun ebenfalls und lief mit seinen dicken grauen Springerlein von einem zum andern, dass man ihm auch schöne Pakete daraus mache, was die gute Marianne dann tat.

Gegen Mittag wurde es immer geheimnisvoller im Hause. Mama schloss die Wohnstube ab, und ins Schlafzimmer durfte man auch nicht mehr. Man aß droben in der blauen Stube; doch niemand hatte Zeit, lange am Tisch zu sitzen. Die Kinder wurden hinaufgeschickt auf den Boden, wo sie oft nach dem Essen spielten; aber heute hielten sie es nicht aus dort droben.

„Geht hinunter zu Papa", sagte Mama, „und fragt, ob er Zeit hat, mit euch spazieren zu gehen!"

„Ja, Mama, ja! Und wenn wir heimkommen, ist Weihnacht da!"

Jedes Jahr machte Papa mit den Kindern vor der Bescherung einen weiten Spaziergang hinauf durch den Wald und dann hinunter in die Seeweid zu Frau Völklein. Es mochte noch so kalt sein, dieser Spaziergang wurde gemacht, und die Kinder sagten, er sei der allerschönste im ganzen Jahr. Als die vier Kinder – Werner war diesmal auch dabei – mit Papa das Haus verließen, kam Theodor Hahn mit glücklichem Gesicht über den Kornplatz, um sein Paket bei Frau Turnach zu holen.

„Aber noch nicht aufmachen, gelt?", mahnte ihn Marianne.

„Nein, erst am Abend!", versicherte Theodor. „Ich bekomme ein Christbäumchen!"

Unter der Türe der Apotheke standen Rudolf und Sylvia.

„Freut ihr euch auch so schrecklich?", rief ihnen Hans zu.

„Ja, furchtbar!", antwortete Sylvia, die mit dem ganzen Gesicht lachte. „Bei uns kommt das Christkind schon um fünf Uhr!"

Auf der Brücke liefen die Leute rasch und geschäftig aneinander vorbei, Frauen mit Körben, Männer und Knaben mit grünen Christbäumen auf den Schultern, neu lackierten Puppenwagen oder Schlitten. Jedes Mal, wenn Lotti so etwas Ahnungsvolles erblickte, stampfte sie vor Vergnügen mit beiden Füssen.

„Die friert auch", sagte ein Bäcker an der Kramgasse, der mit einem Blech voll frisch gebackener Stollen aus dem Laden trat.

„Nein, ich freu mich bloß so!", rief Lotti.

Als man aus der Stadt heraus auf die Höhe kam, wurde es stiller. In dem tiefen Schnee sah man nur einzelne Fußtapfen. Es war das prächtigste Weihnachtswetter. Am Himmel zogen leichte weiße Wolken daher, aus denen der

Schnee in feinen Flocken oder einzelnen Sternchen herunter schwebte. Dazwischen war wieder der blaue Himmel sichtbar, und die Sonne schien auf die beschneiten Abhänge. Die ganze Luft war wie Silber.

Am Waldeingang standen hohe Tannen, deren Äste sich unter der Last des Schnees senkten.

„Papa“, sagte Marianne, „wie das schön ist, durch den prächtigen Wald zu gehen und dabei an das andere Schöne zu denken, das am Abend kommt!“

Lotti war ein Stück voraus und sagte mit lauter Stimme ihr Weihnachtslied in die glitzernde Luft hinaus.

In den Tannen piepten die Meisen. Auf einem Ast saß ein Eichhörnchen und guckte neugierig zu den Kindern herunter. Werner, der so ein Schwanztier, wie er es nannte, noch nie gesehen, hatte seine helle Freude.

„Komm! Komm! Ich schenk dir etwas!“, rief er und streckte ein Anisspringerlein zu der Tanne hinauf.

Papa aber zog seine Uhr. „Vorwärts, Kinder! In drei Stunden brennt schon der Christbaum!“

Da ließen die Kinder Meisen und Eichhorn und fingen auf einmal an so zu eilen, dass Papa kaum nachkam und Werner Trab laufen musste.

Die Seeweid lag einsam und verschneit. Aber als Frau Völklein die Turnachkinder die Treppe herauf stampfen hörte, kam sie aus ihrer Tür.

„Grüß Gott, grüß Gott, Kinderlein! So kalt und in dem tiefen Schnee! Ja, und das Wernermännchen auch! Mit ganz rotem Näschen! Gewiss habt ihr nasse Füße bekommen! Grite soll euch die warmen Schuhe bringen!“

Die Kinder zogen bereitwillig ihre Schnürstiefel aus. Sie wussten das vom vergangenen Jahr. Es war sehr lustig, in den viel zu weiten Hausschuhen herumzufahren wie in Kähnen. Dann aber setzte man sich an den Tisch zu einem warmen Tee und Bretzeln, und es schmeckte gar prächtig nach dem langen Spaziergang. Der Tee bei Frau Völklein gehörte durchaus zu den Weihnachtsfreuden der Turnachkinder. Fritz war nicht da; aber er wurde eingeladen, sich an einem der Feiertage die Bescherung anzusehen. Die Bescherung! Die Kinder standen vom Tische auf. Sie konnten heute nirgends lang ruhig bleiben; sie schifften in ihren Hausschuhen auf den Gang hinaus zum Fenster.

Unter weißer Decke lag der Garten, die Seemauer und der Landungssteg; das Schiff war aufs Ufer gezogen unter ein Bretterdach. Alles sah aus, als ob es schlafe in dem tiefen Schnee. In der Küche saß Jakob bei seinem Abendbrot.

„Jakob, heut ist Weihnacht!", riefen die Kinder.

„Ja", sagte er und steckte das letzte Stück Brot in den Mund.

„Hast du dich auch so schrecklich gefreut, als du ein Bub warst?"

„Ja, ja, schon. Christbäume waren jedoch bei uns im Dorf nicht Brauch."

„Aber du hast doch etwas bekommen? Was hast du bekommen?"

Jakob besann sich. „Eine kleine Stadt hat's einmal gegeben zum Aufstellen. Und dann jedes Jahr ein paar Winterstrümpfe und einen großen Birnenweggen." Er klappte sein Taschenmesser zusammen.

„Du, Jakob“, fing Lotti die Unterhaltung wieder an, „ich finde es schrecklich traurig, eine Kuh zu sein.“

„Lotti, wie kommst du denn darauf!“, riefen Hans und Marianne.

„Ja, ich meine es im Ernst. Jetzt stehen die Kühe im Stall und wissen gar nichts von Weihnacht. Und heut Abend bekommen sie bloß Heu, wie wenn es ein gewöhnlicher Tag wäre.“

„Das ist auch am besten für sie“, versetzte Jakob. „Und außerdem – etwas haben die Kühe vielleicht doch. Sie hatten vor acht Tagen die Thomasnacht.“

„Die Thomasnacht?“, fragten die Kinder. „Was ist in der Thomasnacht?“

Jakob zögerte ein wenig. „Bei uns daheim sagen manche Leute, in der Thomasnacht können die Tiere sprechen.“

„Jakob“, rief Hans. „Das glaubst du aber doch nicht!“

„Nein, natürlich – eigentlich nicht. Aber für die Thomasnacht richt' ich den Stall doch immer besonders schön her – man weiß nicht – und ich möcht's den Kühen gönnen, wenn sie auch einmal im Jahr das Maul auftun dürften!“

„Ja, das wäre nett für sie“, rief Lotti. „Und es könnte doch wahr sein! Jakob, geh in der Thomasnacht einmal in den Stall und hör zu!“

„Nein, das darf man nicht! Der Großvater hat immer gesagt, er glaube, der heilige Thomas gehe dann durch die Ställe und höre, was die Tiere zu erzählen haben, und wenn sie klagen, dass man schlecht mit ihnen umgehe, so sage der heilige Thomas es nachher dem lieben Herrgott.“

„Und dann?“, fragte Lotti.
Aber nun brachte Grit die Stiefel, die sie mit heißem Sand getrocknet hatte. Eilig und freudig schlüpften die Kinder hinein.
Als man unter den kahlen beschneiten Birnbäumen den Weg hinaufging, fing es an zu dunkeln. Droben an der Straße brannten schon die Laternen.
Werner marschierte tapfer neben Papa her und hüpfte von Zeit zu Zeit an ihm auf: „Papa, ich schenk dir auch etwas!“
„Ja, wenn ich doch wüsste, was das ist!“, sagte Papa.
„Tu raten, Papa!“
Also fing der gute Papa an zu raten: „Einen Schlafrock? Einen Zylinderhut? Eine Kutsche? – Aha, jetzt weiß ich: Einen Luftballon?“
Und der kleine Bursche lachte jedes Mal laut auf: „Nein, Papa! Nein!“ Auf diese Weise kam er vorwärts, ohne etwas von Müdigkeit und Kälte zu fühlen.
Die drei Großen gingen hinterdrein.
„Was ist denn?“, rief Papa zurück, als er einen lauten Schrei hörte.
„Nichts, Papa!“, antwortete Marianne. „Wir mussten bloß ein bisschen schreien, weil wir es fast nicht mehr aushalten!“
Zu Hause saß Großmama schon in der blauen Stube.
Onkel Alfred war auch da und ging auf und ab.
„Gelt, Onkel, man kann es fast nicht erwarten“, sagte Lotti.
„Um sechs Uhr läutet's. Wie lang dauert das noch?“
„49 Minuten, 37 und eine halbe Sekunde“, sagte der Onkel auf die Uhr schauend. Dann aber setzte er sich ans Klavier

und spielte schöne Akkorde. Es klang, als ob Weihnachtsglocken läuteten.
Endlich kam auch Mama mit dem Schwesterlein auf dem Arm und Papa.
Nun sollte Marianne mit ihrem Lied beginnen. Sie drückte die Hände einen Augenblick ineinander und spürte ihr Herz klopfen. Es war so feierlich, wie alle da still im Kreis saßen. Aber dann fing sie an: „Du lieber, heil'ger, frommer Christ ..." Sie sprach die Verse gut und ohne Stocken.
Lotti auch. Nur einmal mahnte Mama leise: „Nicht so schnell, Lotti!"
Als Hans das schöne Weihnachtsevangelium von den Hirten und dem Lobgesang der Engel aufgesagt hatte, stimmte Onkel Alfred am Klavier das liebe alte Lied an: „O du fröhliche, o du selige, Gnaden bringende Weihnachtszeit ..."
Alle sangen mit. Papas und Onkel Alfreds Stimmen klangen wie Orgeltöne.
Dann aber vernahm man plötzlich einen andern Ton: Das helle Weihnachtsglöcklein läutete unten, so stark es vermochte.
„Mama, jetzt – jetzt –!"
Mama nickte lächelnd. „Ja, jetzt!"
Die Kinder stürzten hinaus und die Treppe hinunter. Die Türe des Weihnachtszimmers war weit offen. Einen Augenblick blieben alle vier wie geblendet stehen. Strahlend stand der hohe Christbaum da mit seinen Lichtern, seinen farbigen Kugeln, goldenen Nüssen und dem funkelnden Flitter, der über den Ästen hing. So vertraut und doch so

zauberhaft, so unbegreiflich schön! Dann aber machte sich Werner von Mariannes Hand los. „Oh, oh, Kühe!“, rief er in höchstem Jubel und lief in die Ecke, wo man auf einem niedrigen Tischchen seine Sachen aufgebaut hatte. Und nun war der Bann gebrochen. Hans erblickte seinen Platz rechts vom Christbaum. „Oh, oh!“, rief auch er und zog einen Schlitten heraus, einen festen Schlitten aus schönem glattem Holz, genau wie er sich ihn gewünscht hatte! „Marianne, sieh wie lang! Da können wir zu dritt sitzen!“

Doch Marianne hörte nicht; sie hatte schon ihre Schlittschuhe in der Hand, ein Paar prächtige Schlittschuhe, ganz wie die von ihrer Freundin Lily! Marianne wollte sich gleich hinsetzen, um sie an ihrem Fuß zu messen; aber ihre Augen überflogen den Tisch und erblickten neben allerlei Paketen einen Muff und Pelzkragen, und dahinter stand die Puppenstube neu hergerichtet, mit weißen Vorhängen und grünem Tischteppich, drei neuen Puppenkindern und einem Papa in brauner Hausjoppe mit einer Zeitung, und am Fenster war ein Blumentisch. Nein, diese Seligkeit!

„Lotti, sieh doch!“

Lotti kniete indessen in lautem Entzücken vor einer Wiege, in der ein Wickelkind schlief, mit blonden Härchen und weißem Kittelchen.

„Es macht die Augen auf und zu! O, du Schatz!“, rief sie und küsste die Puppe und sah dann hinten über der Wiege den Kramladen! Frisch gestrichen und lockend stand er da mit Quittenwürstchen und Schokoladeschinken, mit Glasbüchsen voll Zuckererbsen, mit kleinen Brotlaiben und ei-

ner Menge weißer Tüten. Das Wickelkind im Arm, machte sich Lotti jauchzend an den Laden. Am lautesten aber ging es in Werners Ecke her. Er kreischte geradezu vor Freude über seine Kühe und riss an Onkel Alfred, bis dieser sich zu ihm auf den Boden setzte, um die Tiere anzusehen.
„Die heißt – Dachs!“, schrie Werner. „Und die ist die böse, die heißt Bär! Und das ist der Bless!“
Dann lief er hinter den Ofen und erklärte dort dem Pferd, dass es Platz machen müsse, weil jetzt Kühe kommen. Es war auch ein Heubündel da. Werner hatte so zu tun, dass er die Schachtel mit dem Dorf und das Bilderbuch noch gar nicht betrachten konnte.
Hans wusste ebenfalls nicht, wohin sich wenden. Da war ein Buch, das hieß „Das Wunderland der Pyramiden“ und hatte eine Menge Bilder von Kriegern, Denkmälern, seltsamen Göttern und Felsengräbern. Das andere Buch trug den Titel „Sigismund Rüstig“.
„Marianne, das ist ja die prächtige Geschichte, aus der Papa uns schon erzählt hat!“ Aber im selben Augenblick rief Marianne: „Hans, Lotti! Seht doch den Christbaum wieder an, wie schön er ist!“ Ja, wenn man nur alles zugleich hätte bewundern können! Das Schwesterlein nahm sich am meisten Zeit für den Christbaum. Auf Mamas Arm guckte es mit weit offenen Augen unverwandt in die Lichter und fuhr mit den kleinen Fäusten auf und ab vor Erstaunen und Freude.
Balbine, Sophie und Ulrich waren auch hinzugetreten, und da sah man erst, dass Ulrich etwas in der Hand hielt, ein Geschenk für die Kinder, ein Schiff, das er an den Abenden

und Sonntagen aus Holz geschnitzt hatte. „Nein, so etwas Feines, Ulrich!", jubelten die Kinder.

Es war weiß, blau und rot gestrichen und hatte ein Segel und ein bewegliches Steuerruder. Das Ganze war so kunstvoll und sauber gemacht, dass auch die Großen es bewunderten.

„Ulrich, Sie sind ja ein Schiffbauer erster Güte", sagte Onkel Alfred. „Sie gehören auf eine Werft und nicht in die Garnkammer!"

Ulrich lachte verlegen. Er hatte auch einen Gabentisch und freute sich besonders über Lottis Pulswärmer. Aber vergnügt sah er immer wieder hinüber zu Hans, der das schöne Schiff auf seinen Tisch stellte, mitten unter die Herrlichkeiten, die noch gar nicht alle entdeckt waren.

Da gab es ein Taschenmesser, warme Winterhandschuhe, ein Reißzeug, mit dunkelblauem Samt ausgeschlagen, einen Rucksack mit allerlei nützlichen Nebentaschen. Es war fast zu viel. Hans zog Marianne mit Gewalt herüber, dass sie ihm helfe bewundern.

„Ja, Hans, prachtvoll! Reizend!", stimmte Marianne ein. „Aber komm, sieh meinen Malkasten an! Bitte, nur den! Es sind fünfzehn Farben und vier Pinsel!"

Hans besichtigte den Malkasten. Als er aber gleich wieder zu seiner Bescherung hinüberlief, holte sich Marianne Balbine, damit sie helfe, das Kommödchen von Großmama zu betrachten, und die hübsche Schürze, die Zopfbänder, die Gamaschen und das Buch, das „Roland und Elisabeth" hieß, und gewiss wunderschön zu lesen war.

Lotti hatte sich Ulrichs bemächtigt. Er musste das Wickelkind besehen, die gefüllte Federschachtel, den kleinen Pumpbrunnen, den Baukasten und den Regenschirm mit einer Troddel wie der von Mama!
Der fröhliche Lärm wurde immer größer, da nun Papa und Mama, Großmama und Onkel Alfred auch an ihre Tische getreten waren und mit Ausrufen der Freude und Überraschung ihre Geschenke entgegennahmen. Die Kinder liefen von einem zum andern und standen gespannt dabei, wenn ihre kleinen Pakete aufgemacht wurden.
„Alles Blaue mit Silberschnur ist also von mir!", verkündete Lotti.
Mama wickelte das Rumpelstilzchen aus. Großmama war entzückt über Hansens rosa Pappschachtel, in der Mariannes Blumenkarten lagen. Papa aber entdeckte Werners großartiges Geschenk.
„Gelt, Papa, das hast du nicht erraten können!", triumphierte der Kleine, und ruhte nicht, bis der arme Papa ein Stück von dem dicken grauen Springerlein versuchte.
Dann machte Onkel Alfred mit vielen Umständen Mariannes und Lottis Päckchen auf und hob behutsam den Tintenwischer heraus.
„Toll!"
„Für die Tinte!", sagte Lotti und sah den Onkel stolz an.
„Tinte –", wehrte dieser. „Nein, dafür ist dieses Kunstwerk zu kostbar! Höchstens meine Tränen wische ich damit ab."
„Ach, Onkel, du weinst ja nie!", riefen Marianne und Lotti belustigt.

„Nie! Wo ihr mir grade jetzt Tränen der Freude und Rührung entlockt!“
Und Onkel Alfred fuhr sich mit dem Tintenwischer über die Augen, dann aber befestigte er ihn an seinem Knopfloch und erklärte, er werde ihn als Verdienstorden tragen. In dem Getümmel schoss auch noch Schnauzel hin und her, aufgeregt durch die Lichter, den Lärm und die Wurst, die er geschenkt bekommen hatte. Papa hatte ihm die Hälfte davon gegeben und die andere in die Höhe gehalten.
„Du begreifst, Schnauzel“, hatte er gesagt, „wenn du sie jetzt frisst, so hast du morgen nichts mehr.“
„Wau!“, bellte Schnauzel und wedelte heftig mit dem kurzen Schwanze, was jedenfalls heißen sollte:
Ja, ich begreife, aber ich will sie doch gern heut noch!
Worauf Papa ihm das zweite Stück aushändigte, damit auch er an diesem Abend seine ganze Freude habe.
Die gute Mama und Sophie machten es möglich, dass man im Weihnachtszimmer zu Nacht essen konnte. Man ließ sich's gut schmecken, aber das Beste war doch, dass man hinter sich alle die wunderschönen Sachen wusste. Ja, man durfte, was sonst verboten war, mitten vom Essen weglaufen, zur Puppenstube, zum Schlitten und Schiff, zum Wickelkind, zu den Kühen und zu den Körbchen mit Backwerk, die auf den Gabentischen standen und aus denen man sich ein paar recht feine Stücke zum Nachtisch aussuchte.
Schrecklich aber war es, als Mama anfing, vom Schlafengehen zu sprechen.

„Mama, wenn man doch die Betten da heraus zum Christbaum stellen könnte!", rief Lotti.
Zum Glück hielt das Gutnachtsagen und das Danken die Kinder noch ein Weilchen im Zimmer zurück. Man hatte für so viel zu danken!
Werner lief auf Papa zu.
„Papa, hast du dem Christkind gesagt, dass es mir die Kühe schenken soll?"
„Ja, Wernermann."
„Dann geb' ich dir für jede einen Kuss!"
Und der Kleine rannte eifrig hin und her zwischen Papa und seinen Kühen, damit es nur ja richtig werde mit den Küssen.
Er wäre nie fertig geworden, wenn Sophie ihn nicht endlich gepackt hätte. Glücklich erwischte er aber noch den „Dachs" und behielt ihn fest im Arm bis in den Schlaf hinein. Lotti stellte ihr „Schatzkind" mit der Wiege neben ihr Bett. Hans legte sein „Land der Pyramiden" und den „Sigismund Rüstig" unter das Kopfkissen, damit er auch im Schlaf die beiden Bücher spüre, und Marianne hängte ihre Schlittschuhe an den Bettpfosten, wo man sie bei jeder Bewegung klirren hören konnte.
Nach der Spannung und der Freude des Tages schlummerten die Kinder bald ein. Aber in der Nacht, als es im Hause ganz still geworden war, erwachte Marianne, und es überkam sie eine unbezwingliche Lust nach dem Weihnachtszimmer.
„Lotti", flüsterte sie, „Lotti, ich muss hinübergehen und den Christbaum ansehen!"

„Ich auch", sagte Lotti, und beide stiegen aus ihren Betten und schlüpften hinaus ins Wohnzimmer.

Es war nicht ganz dunkel. Das Laternenlicht vom Kornplatz fiel auf den Christbaum, von dem ein feiner Tannenduft ausströmte. Zwischen den Zweigen leuchteten die vergoldeten Nüsse und die kleinen weißen Zuckerherzen. Die feinen Silberfäden, die über den Ästen hingen, zitterten leise. Hoch oben an der Spitze des Christbaums aber glänzte der große Stern.

Marianne und Lotti hielten sich an der Hand.

„Marianne", flüsterte Lotti. „Es ist ganz sicher, dass es ein Christkind gibt. Wer könnte sonst so etwas Wundervolles wie einen Christbaum ausdenken!"

„Kinder, Kinder!", rief jetzt auf einmal Mama aus ihrem Zimmer. „Meint ihr, ich hätte euch nicht gehört? Seid vernünftig und geht nun schnell in euere warmen Betten!"

Mamas Stimme tönte aber sehr freundlich und fröhlich. Gewiss war Mama einst als Kind auch hinausgehuscht ins Weihnachtszimmer, um zu sehen, wie schön und geheimnisvoll der Christbaum bei Nacht war.

Rachel Naomi Remen

Das Geschenk

Als ich noch klein war, nahmen mein Vater und ich an jedem Heiligabend die U-Bahn nach Downtown Manhattan, wo wir Geschenke für meine Mutter, meine Tante, meine Freunde, meine Lehrerin und andere wichtige Menschen in meinem Leben einkauften. Das waren jeweils besondere, ja geradezu magische Momente. Alles war für Weihnachten dekoriert. Die Fenster der Läden an der Fifth Avenue waren märchenhaft; in manchen gab es ganze mechanische Dörfer, die in Bewegung waren, oder einen winkenden Weihnachtsmann. Es war fast immer kalt, und auf den abendlichen Straßen drängten sich lächelnde Menschen, die wunderschön eingepackte Pakete im Arm trugen; die Frauen trugen Pelzmäntel und die Männer Mäntel mit Samtkragen. Wenn ich heute, nach mehr als fünfzig Jahren, daran zurückdenke, meine ich noch zu sehen, wie die Freude der Menschen in den dunklen Straßen leuchtete.

Aus jeder offenen Tür drangen die Klänge von Weihnachtsmusik. In meiner Erinnerung schneit es immer, und alle haben Schneeflocken auf den Mänteln und in den Haaren. Wir begannen immer am Rockefeller Square, betrachteten staunend den riesigen, wunderbar geschmückten Weihnachtsbaum und diskutierten darüber, ob der Baumschmuck in diesem Jahr schöner war als im letzten. Natürlich war er es jedes Mal. Wir sahen den Schlittschuhläufern eine Zeit lang zu. Dann gingen wir die Fifth Avenue hinab, machten in jedem Laden halt und dachten an die Menschen, die ich liebte, einen nach dem anderen, und schauten uns dann sehr viele Dinge an, bis ich für jeden von ihnen genau das Richtige gefunden hatte. Irgendwann im Laufe des Abends gab mir mein Vater dann seine große goldene Taschenuhr und sagte mir, wenn die läutete, dann sollte ich mich an genau dieser Stelle wieder einfinden. Dann ging ich allein los in das Geschäft, vor dem wir standen, um ein Geschenk für ihn zu finden. Und während ich unterwegs war, machte mein Vater seine eigenen Einkäufe. Ich durfte lange aufbleiben, viel länger als an jedem gewöhnlichen Tag, und es war oft kurz vor Mitternacht, wenn wir nach Hause kamen, die Arme voller Päckchen, die alle in den Geschäften mit Geschenkpapier eingewickelt worden waren. Meine Mutter wartete immer mit einem heißen Kakao auf uns, und dann zeigten wir ihr die wunderschönen Päckchen und erzählten ihr von den herrlichen Dingen, die wir für jedermann gefunden hatten – außer natürlich von dem Geschenk, das wir für sie gefunden hatten.

Das war eine Gelegenheit, an alle Menschen zu denken, die ich liebte – wer sie waren und worüber sie sich freuen könnten. Ich erinnere mich noch an das unbeschreibliche Gefühl, die einzelnen Geschenke zu finden, und die freudige Erregung des Erkennens, wenn klar war, dass ein Geschenk genau das Richtige für einen bestimmten Menschen war. Es war auch eine riesige Freude, das Geschenkpapier und die Bänder auszusuchen und dann zuzusehen, wie jedes Geschenk für jedes der einzigartigen Individuen ganz speziell verpackt wurde. Ich liebte es, Geschenke auszusuchen; es machte mich sehr glücklich.
Wenn ich zurückdenke, dann wird mir klar, dass ich tatsächlich beim Auspacken der meisten Geschenke nicht dabei war. Sie wurden mit der Post verschickt oder unter den Weihnachtsbaum anderer Familien gelegt. Aber das spielte irgendwie keine Rolle. Der wichtige Moment war nicht das Aufmachen oder der Dank. Was tatsächlich wichtig war, war der Segen, jemanden zu haben, den man liebte.

Charlotte Hofmann-Hege

Der Engel

Das folgende Geschehnis zu berichten wird mir nicht ganz leicht. Nicht etwa deshalb, weil ich selbst schlecht genug dabei wegkomme. Auch nicht, weil ich noch heute Herzklopfen bekomme, wenn ich daran denke, sondern weil es an Wirklichkeiten rührt, die unserem menschlichen Erkennen geheimnisvoll verborgen bleiben.

Ich war damals gerade in einem Alter, da man sich anschickt, das Land der Kindheit auf immer zu verlassen, um bald keck, bald misstrauisch die Stufen emporzuklimmen, die ins Reich der Erwachsenen führen. Dass man dabei ab und zu gründlich ins Stolpern gerät, weiß jeder, der diese Stufen hinter sich gebracht hat.

An jenem 24. Dezember, von dem ich erzählen möchte, war ich gerade wieder tüchtig am Stolpern. Nicht, dass ich mir nach außen irgendetwas hatte anmerken lassen! Im Gegenteil, ich war ausgelassen, tat sehr wichtig und war

bis unter die Haarwurzeln von Eifer und Hilfsbereitschaft erfüllt.
Aber tief drinnen saß an jenem grauen Wintermorgen nichts als das heulende Elend. Wo waren sie hingekommen, die Fluten von Glück, die Weihnachten stets die Kinderseele überflutet hatten? Vorbei – ich war kein Kind mehr, und ich tastete mich hinein in das Land der Erwachsenen. Aber dort schien es erst recht ausweglos. Das Kind in der Krippe von Bethlehem, das gekommen war, um die Welt zu erlösen – ich wusste rein gar nichts damit anzufangen. Christfest – was sollte das?
So schickte ich denn meine Gefühle immer wieder zurück in die Kinderzeit, in der alles noch heil und gut gewesen und man noch nicht gewusst hatte, in welch nüchterner, schwieriger Welt man zu leben gezwungen war.
Zwischen diesen Gedankenverwirrungen aber stand die Pflicht des Alltags, wie sie ein größerer landwirtschaftlicher Betrieb damals mit sich brachte. „Mädel, man erlebt es ja nicht, bis du das Frühstücksgeschirr aufgeräumt hast! Sind die kleinen Ferkel übrigens nachgefüttert? Und was riecht denn hier so angebrannt? Weißt du, in deinem Alter könnte man wahrhaftig selbständig an die Linsen denken! Wie, der Hühnerstall ist noch gar nicht nachgesehen? Dabei hängt noch der ganze Dachboden voll angefrorener Wäsche!" Hunderterlei widerwärtige Dinge, die einen immer wieder grausam herausrissen aus der „Stimmung", in die man sich mühsam genug einzuspinnen versuchte.
Es mochte daher für meine Mutter eine Art Selbstschutz sein, als sie nach dem Mittagessen sagte: „In Waldenburg

droben sind noch ein paar Sachen auszutragen. Nimm das Brüderchen mit, packt alles auf den Schlitten und fahrt los!“ Sie ahnte wohl, dass der Faden ihrer Geduld heute nicht unzerreißbar sei und dass es besser war, mich samt meinem hilflosen Eifer für den Rest des Tages aus den Augen zu haben.

Mir war es recht so: Der vier Kilometer weite Weg nach dem Bergstädtchen war wie geschaffen zum Träumen und Nachdenken. Vielleicht gelang es mir, mich in die richtige Weihnachtsstimmung hineinzuarbeiten. Mit unseren neuen roten Mützen und Fausthandschuhen zogen wir los. Das Brüderchen war unendlich lieb und schien vor Erwartungsfreude wie von innen her erleuchtet.

Es war nicht eigentlich kalt. Je höher wir stiegen, desto weicher wurde die Luft. Als wir oben bei der „Rabenwiese“ angelangt waren, hatten wir uns richtig warm gelaufen. Der Höhenwind roch nach Tau. Wir hockten uns auf unseren Schlitten, zogen unser Vesperbrot aus der Tasche und schauten auf die weite Hohenloher Ebene hinunter.

Hier, an dieser Stelle, waren in meiner kindlichen Vorstellung einst die Hirten von Bethlehem beim nächtlichen Erscheinen des Engels auf die Knie gesunken, ehe sie dann ins Tal hinabstiegen zu unserem Stall. Es ist ein großartiger Hintergrund für die Weihnachtsgeschichte, es lässt sich kaum ein besserer denken ringsum im Land. Denn von hier oben scheint es, als greife die Kuppel des Himmels in das Rund der Erde und als seien beide eins. „Hier muss man das Christkind doch entdecken können!“, forschte das Brüderlein. „Warum darf man es nie, gar nie sehen?“ Und es streckte sein Näschen in den Himmel hinauf, als müsse es ein Loch in die tief hängende Wolkendecke bohren.

Ja, warum durfte man das Christkind nie sehen? Weil es keines gab. Aber das würde man ihm nie sagen, nie. Es reichte, bis er es selbst entdeckte. Er sollte noch ein bisschen in der herrlichen Märchenwelt der Kinder daheim sein dürfen.

Für den Abend hatte ich den Auftrag erhalten, zu Beginn der Bescherung das Weihnachtsevangelium vorzutragen. Leise begann ich vor mich hinzusprechen: „Und es waren Hirten in derselben Gegend auf dem Felde, die hüteten des Nachts die Herde. Und siehe, der Engel des Herrn trat zu ihnen, und die Klarheit des Herrn umleuchtete sie. Und sie fürchteten sich sehr ...“

Wut und Verzweiflung packten mich. Was sollte das? Warum zeigten sich die Engel nur den Hirten von Bethlehem? Nun war ich schon so alt, aber noch nie hatte ich auch nur den Schimmer eines Engels erblickt! Ja, warum? An solche Gedanken durfte ich mich nicht heranwagen. Das schien ja fast so, als wolle ich nichts glauben. Dabei wünschte ich nichts brennender, als diese befremdlichen Vorgänge mit schlichtem, dankbarem Herzen annehmen zu können. Aber das Besserwissen des Verstandes vernichtete immer wieder alle krampfhafte Mühe. Zweifel um Zweifel stürzten in mich. Ich kam mir vor wie ein Ertrinkender. Vielleicht stimmte dies alles miteinander nicht, und die Erwachsenen sagten nur so. Abgründe taten sich auf. Ich wusste

noch nicht, dass sie keinem Menschen erspart bleiben, wenn er heiß und leidenschaftlich um Erkenntnis ringt.
Fest stemmte ich die Füße gegen den nassen, schweren Schnee. Es gab jetzt nur einen Ausweg, einen einzigen: Wenn es den Gott, der Welten, Gestirne und Wassertropfen geschaffen hatte, wenn es ihn, wie von ganz ernsthaften Leuten glaubhaft versichert wurde, in seiner großen Wirklichkeit gab, und wenn diesem lieben „Du" irgendetwas an dem elenden Häuflein Mensch da unten lag – dann musste er sich jetzt, aus Liebe zu diesem armen, sich quälenden Menschen, erbarmen. Dann musste er ein Wunder geschehen lassen, damit es möglich wurde, mit dieser Wirklichkeit zu rechnen.
Das Brüderlein war aufgestanden und setzte seine Schuhsohlen mit großem Vergnügen hintereinander in den Schnee. Ich stellte mich auf den Schlitten. Weit dehnte sich die Ebene unter meinen Augen. Ich verlangte gar kein großes, sichtbares Wunder. Ich würde jetzt heimlich bis hundert zählen – und bis dahin musste sich irgendetwas verändern. Irgendetwas. Es brauchte nicht gleich ein Engel zu erscheinen, es genügte, wenn der Schlitten knackte oder meine Mütze von einem plötzlich aufkommenden Windstoß angerührt wurde. Oder wenn sonst irgendetwas passierte. Alles, alles würde ich als Zeichen nehmen. Siebenundneunzig, achtundneunzig, neunundneunzig – hundert.
Es geschah nichts. Gar nichts. Natürlich nicht. Ich stieg wieder vom Schlitten. Bleierne, hoffnungslose Müdigkeit

drohte mich zu befallen. Wie sinnlos war doch alles, was man dachte und tat.
„Komm, Uli, wir gehen weiter!“ Wir traten in den Wald. Feierlich still lag er im Dämmerlicht des trüben Wintertages. Nur ab und zu rutschte ein Schneerest von einem der tieferhängenden Zweige. Begann es schon zu tauen? Der steile Weg schien wie mit Glatteis überzogen, und hätten nicht allerlei Baumwurzeln wie schwarze Adern den Boden durchzogen, wären wir statt vorwärts eher rückwärts gekommen.
Dieser breite Fußpfad durch den Wald war in den letzten Tagen für die Rodelfahrt verboten worden, denn auf der rechten Seite fiel der Berg steil ab, und es hätte allzu leicht geschehen können, dass man, des Schlittens nicht mehr mächtig, den Abhang hinuntergesaust oder gegen einen Baum gerast wäre. Im Städtchen Waldenburg lief ein Bub mit dick verbundenem Kopf umher, er hatte den verbotenen Weg probiert. Wir würden nachher auf der flacheren, nicht so gefährlichen Serpentinenstraße ins Tal fahren.
Auf der letzten, steilsten Strecke, dem „Stangenbergele“, war gestreut. Noch ein paar Schritte – und wir waren oben. Unsere Besorgungen wickelten sich rasch ab. Außerdem wurden wir von allerlei guten Leuten mit Backwerk so ausgiebig versorgt, dass wir uns rundum gesättigt und gestärkt auf den Heimweg machten. Wir freuten uns auf die Talfahrt, den Serpentinen entlang. Autoverkehr war damals noch selten und stellte gerade um diese Tageszeit keine Gefahr dar.

Als wir uns auf dem Schlitten zurechtsetzten, Uli vorne, ich hinter ihm, bemerkten wir, dass die Fahrbahn für die Feiertage sorgfältig gestreut worden war. Das Fahren also hatte gar keinen Sinn. Aber den Schlitten nun heimwärts ziehen – das ging gegen jede Rodlerehre!
Nebenan zweigte der Fußweg ab. Sollten wir nicht doch ... es war gefährlich und verboten, aber eben dies lockte. Wer am Fuße eines Berges aufgewachsen ist, versteht sich aufs Rodeln.
War jemand in der Nähe? Erwischen lassen durfte man sich nicht. Alles blieb still. Schweigend ragte das Waldenburger Schloss neben uns empor. Ernst lag der dämmrige Wald unter uns. Einen Augenblick zögerte ich noch – und bei diesem Zögern fiel das Bild des Brüderleins in mich hinein, wie es so arglos in stillvergnügter Seligkeit und voll selbstverständlichen Vertrauens auf dem Schlitten saß. Worauf wartete ich eigentlich? Schon knirschten die Kufen über den Sand auf dem „Stangenbergele“. Die Zweige schlugen über uns zusammen. Es war hier drinnen doch viel dunkler, als man von außen hatte wahrnehmen können.
Solange gestreut war, ging es gut. Dann war die Fahrt frei. Der Schlitten sauste, es war herrlich! Nun begann das Glatteis. Ich bremste, als müssten mir die Absätze von den Schuhen fliegen. Der Schlitten fing an, über die Baumwurzeln zu hopsen und sich zu drehen, sie brachten ihn aus der Richtung. Mir wurde heiß. Jetzt – die gefährliche Kurve – nur gut hineinkommen! Doch, o weh, der Schlit-

ten legte sich nicht in die Biegung, er flog geradewegs zwischen den Bäumen hindurch in die Tiefe.

Es kann dies alles nur ein bis zwei Sekunden gedauert haben. Aber in solch bedrohten Augenblicken scheinen wir aus den Gesetzen von Raum und Zeit herausgeschleudert zu werden. In blendender Klarheit weiß ich noch jede Einzelheit dieser Sekunden: Dort unten – ein Baum! Wir werden auffahren! Das unschuldige Brüderlein – mit Schädelbruch! Und die Eltern, o die Eltern! Gott, Gott vergib – und hilf, hilf!

Was ist das? Plötzlich steht da ein Waldarbeiter. Blitzschnell wirft er sich auf die Knie und fängt den Schlitten noch vor dem Baum auf. Alle miteinander rutschen wir ein Stück abwärts, ehe wir Halt bekommen. Er nimmt das Brüderlein in seine Arme, ich selbst kann mich am Gestrüpp halten. Der leichtgewordene Schlitten gleitet auf dem klebrigen Schnee noch ein wenig weiter und bleibt an einem Baumstumpf hängen.

Was sagte der Mann? Ich weiß es nicht mehr. Sagte er überhaupt etwas? Wie Feuer und Donnerschlag umbrauste es mich.

Mit dem Brüderlein ging der Mann besonders liebevoll um, holte uns den Schlitten und half uns wieder auf den Weg. Von mir wollte er nicht viel. Er vermochte in der Dunkelheit mein Alter wohl nicht einzuschätzen. Ich war dankbar, dass er uns nichts fragte. Vielleicht wollte er uns das Fest nicht verderben, denn es kam weder Zorn noch Tadel über seine Lippen.

Ich stotterte einen Dank. Dann eilten wir rasch weiter, denn wir hatten uns nun doch recht verspätet. Aber schon bei der „Rabenwiese" hielt ich ein. Mein rechter Schnürsenkel hatte sich gelöst. Das Herz tobte, und die Füße wankten.
Es war nun auch im Freien dunkel geworden. Drunten in der Ebene wurden die Lichter angezündet. In der Ferne rollte ein Zug. Ein elendes Häuflein Mensch hockte unter dem Christnachthimmel, band seinen Schuhriemen und verging fast vor Reue und Scham, vor Schrecken und Seligkeit. Hatte ich mich jemals vermessen, ein Zeichen zu fordern und bis hundert zu zählen? Erkannte ich jetzt, dass die allgegenwärtige Liebe sich weder durch mein Verstehen noch Nichtverstehen begrenzen ließ, dass sie Engel senden konnte, wann und in welcher Gestalt es ihr beliebte? Wusste ich jetzt, was das bedeutete: ... und die Klarheit des Herrn leuchtete um sie, und sie fürchteten sich sehr? Ein Engel für das Brüderlein war das gewesen! Die Gefahr war völlig unverstanden an dem Kind abgeglitten, es plauderte voll fröhlicher Ungeduld über seine weihnachtlichen Wünsche und Erwartungen. Und auch für mich war es ein Engel gewesen, damit ich, inmitten meiner Zweifel, von der Größe und Nähe der göttlichen Liebe überwältigt würde.
Das äußere Geschehen dieses Weihnachtsabends ist mir nicht mehr wichtig gewesen. Ich erinnere mich noch, dass es sehr still in der Weihnachtsstube war, als ich, zwischen Klavier und Christbaum stehend, das Evangelium von Christi Geburt zu verkünden suchte. Ich entsinne mich auch noch der nachdenklichen Augen meiner Mutter.

Aber sie fragte nicht, und ich hätte das wirkliche Geschehen auch nie ausdrücken können noch wollen. Sie hat es nie erfahren.

Um der Wahrheit willen muss hinzugefügt werden, dass es noch oft, sehr oft der mahnenden, tröstenden und bewahrenden Engel bedurft hat – und weiterhin bedürfen wird, und das nicht nur, weil sich der Schlitten meiner Jugend inzwischen in ein Auto verwandelt hat.

Es kann wohl nicht sein, dass wir ganz ohne Anfechtung bleiben; sie ist das Atemholen des Glaubens, und vielleicht brauchen wir sie sogar. Aber unsere eigenen Erfahrungen und die Erfahrungen derer, die mit uns auf dem Wege sind, werden doch immer wieder eine Brücke schlagen, sodass wir Schritt für Schritt weiterfinden können. Und ganz sicher werden wir dabei – immer neu, immer anders, jedoch allen Zweifeln zum Trotz, manchmal zum Greifen nahe und verständlich, manchmal verhüllt und voller Geheimnis – den Engeln begegnen, denen es geboten ist, uns zu verkündigen: Fürchtet euch nicht!

Quellenverzeichnis

Texte

Astrid Bonner, Spinat und Spiegelei, aus: Dorette Winter: Weihnachtsbescherung. Kurze Geschichten. © 1999 Philipp Reclam jun. GmbH & Co. KG, Stuttgart.

Catarina Carsten: Mummy – oder wie man schnell gesund wird, aus: dies.; Ich wünsche gute Feiertage © 1998 Verlag am Eschbach der Schwabenverlag AG, Eschbach/Markgräflerland

Mannix Flynn: 'Ne tolle Frau, in: Frank T. Zumbach (Hrsg. und Übers.): Paddy´s Weihnachts-Party. Weihnachtliche Geschichten aus Irland. © deutsche Übersetzung: 1996 dtv Verlagsgesellschaft mbH & Co. KG, München

Charlotte Hofmann-Hege, Der Engel, aus: Jostmann, Renate (hrsg.): Kleine Geschichten über Engel, Stuttgart Engelhorn-Verl. 1997. © Charlotte Hofmann-Hege Erben

Anke Kopietz: Nicky, aus: dies., Sternenzauber. Geschichten für Groß und Klein, ISBN 987-3-9436-5025-9 © September 2012 Anke Kopietz und Pax et Bonum Verlag, Berlin,www.pax-et-bonum.net

Rachel Naomi Remen, Das Geschenk, © Remen, Rachel Naomi: Aus Liebe zum Leben - Geschichten die der Seele gut tun. Arbor Verlag, Freiburg; 6. durchgesehene Auflage 2015 www.arbor-verlag.de

Uta Rohrmann, Das Weihnachtslachen, Abdruck mit freundlicher Genehmigung aus: Uta Rohrmann, Weltverändernde Weihnacht © 2009 SCM-Verlag GmbH & Co. KG, D-71088 Holzgerlingen

Conny Ruß, ... dann erst ist Weihnachten, aus: Nicolas Koch (Hrsg.), Winterwundernacht. 24 Geschichten bis Heiligabend. © 2013 by Joh. Brendow & Sohn Verlag GmbH, Moers

Sr. Jordana Schmidt, Advent © Alle Rechte bei der Autorin

Kathrin Schmidt, Heilige Abendlichtzeichen, aus: Gretter, Susanne (hrsg.): Wie immer unverhofft. Neue Weihnachtsgeschichten. Berlin Suhrkamp 2012.

Tina Schulze Gerlach: Die Kette, Originaltitel: „Die Lebensmüde“, aus: Tina Schulze Gerlach: „Der Lachfrosch“, © Evangelische Verlagsanstalt Berlin, 2. Auflage 1988.

Christa Spilling-Nöker, „Ich habe einen Stern gesehen“, aus: Dies., Heller Stern in dunkler Nacht. Weihnachtserzählungen © Verlag Herder GmbH, Freiburg i. Br. 2009, S. 36ff

Christa Spilling-Nöker, Ich wünsche uns; Sehnsucht © Alle Rechte bei der Autorin

Doris Thomas, Bis zuletzt, aus: Dorette Winter: Weihnachtsbescherung. Kurze Geschichten. © 1999 Philipp Reclam jun. GmbH & Co. KG, Stuttgart.

11. Dezember, Text von Inken Weiand, aus: SMS von oben. Kindergeschichten für jeden Adventstag. © 2012 mediaKern GmbH, Wesel

Eva Zeller, Die Hebamme des Herrn © Alle Rechte bei der Autorin

Fotos

Cover: © Jeanette Dietl/Fotolia; © JackF/Fotolia; S. 7: © gitusik/Fotolia; S. 12: © M.studio/Fotolia; S. 20: © Comugnero Silvana/Fotolia; S. 27: © sheva_ua/Fotolia; S. 39: © Paulista/Fotolia; S. 43: © Africa Studio/Fotolia; S. 44/45: © 1stGallery/Fotolia; S. 56: © Scisetti Alfio/Fotolia; S. 71: © ARochau/Fotolia; S. 72/73: © magdal3na/Fotolia; S. 84: © Yvonne Weis/Fotolia; S. 98: © Jeanette Dietl/Fotolia; S. 116: © yellowj/Fotolia; S. 126: © bmf-foto.de/Fotolia.

Wir danken allen Rechteinhabern für die freundliche Abdruckerlaubnis. Der Verlag hat sich bemüht, alle Rechteinhaber in Erfahrung zu bringen. Für zusätzliche Hinweise sind wir dankbar.